Père Robert Culat

Homélies pour l'année liturgique B

Père Robert Culat

Homélies pour l'année liturgique B

D'après le lectionnaire de l'Eglise catholique

Éditions Croix du Salut

Imprint
Any brand names and product names mentioned in this book are subject to trademark, brand or patent protection and are trademarks or registered trademarks of their respective holders. The use of brand names, product names, common names, trade names, product descriptions etc. even without a particular marking in this work is in no way to be construed to mean that such names may be regarded as unrestricted in respect of trademark and brand protection legislation and could thus be used by anyone.

Cover image: www.ingimage.com

Publisher:
Éditions Croix du Salut
is a trademark of
Dodo Books Indian Ocean Ltd., member of the OmniScriptum S.R.L Publishing group
str. A.Russo 15, of. 61, Chisinau-2068, Republic of Moldova Europe
Printed at: see last page
ISBN: 978-3-8416-9855-1

Copyright © Père Robert Culat
Copyright © 2013 Dodo Books Indian Ocean Ltd., member of the OmniScriptum S.R.L Publishing group

Homélies du père Robert Culat

Année liturgique B

Table des Matières

1er dimanche de l'Avent

    Marc 13, 33-37 9

Deuxième dimanche de l'Avent

    Marc 1, 1-8 11

3ème dimanche de l'Avent

    Jean 1, 6-8. 19-28 13

4ème dimanche de l'Avent

    Luc 1, 26-38 15

Noël 2010

    Messe du jour 17

La sainte famille

    Luc 2, 22-40 19

Epiphanie du Seigneur

    Matthieu 2, 1- 12 21

Baptême du Seigneur

    Marc 1, 7-11 23

2ème dimanche du temps ordinaire

    Jean 1, 35-42 25

3ème dimanche du temps ordinaire

    Marc 1, 14-20 27

4ème dimanche du temps ordinaire

    Marc 1, 21-28 29

5ème dimanche du temps ordinaire

    Marc 1, 29-39... 31

6ème dimanche du temps ordinaire

    Marc 1, 40-45... 33

7ème dimanche du temps ordinaire

    Marc 2, 1-12.. 35

8ème dimanche du temps ordinaire

    Marc 2, 18-22... 36

9ème dimanche du temps ordinaire

    Marc 2, 23- 3,6... 38

Premier dimanche de Carême

    Marc 1, 12-15... 40

2ème dimanche de Carême

    Marc 9, 2-10... 42

3ème dimanche de Carême

    Jean 2, 13-25.. 44

4ème dimanche de Carême

    Jean 3, 14-21.. 46

5ème dimanche de Carême

    Jean 12, 20-33.. 48

Dimanche des Rameaux et de la Passion

    Marc 14,1-15,47... 50

Jeudi saint ; messe en mémoire de la Cène du Seigneur

    Jean 13, 1-15.. 51

Vendredi saint, célébration de la Passion du Seigneur
　Jean 18,1-19,42 53

Jour de Pâques 2012
　Jean 20, 1-9 55

2ème dimanche de Pâques
　Jean 20, 19-31 57

3ème dimanche de Pâques
　Luc 24, 35-48 59

4ème dimanche de Pâques
　Jean 10, 11-18 61

5ème dimanche de Pâques
　Jean 15, 1-8 63

6ème dimanche de Pâques
　Jean 15, 9-17 65

Ascension du Seigneur
　Marc 16, 15-20 67

7ème dimanche de Pâques
　Jean 17, 11-19 69

Pentecôte
　Galates 5, 16-25 71

La Sainte Trinité
　Matthieu 28, 16-20 73

Fête du Saint Sacrement
　Marc 14, 12-16.22-26 75

10ème dimanche du temps ordinaire

    Marc 3, 20-35 77

11ème dimanche du temps ordinaire

    Marc 4, 26-34 79

12ème dimanche du temps ordinaire

    Marc 4, 35-41 81

13ème dimanche du temps ordinaire

    Marc 5, 21-43 83

14ème dimanche du temps ordinaire

    2 Corinthiens 12, 7-10 85

15ème dimanche du temps ordinaire

    Marc 6, 7-13 87

16ème dimanche du temps ordinaire

    Ephésiens 2, 13-18 89

17ème dimanche du temps ordinaire

    Jean 6, 1-15 91

18ème dimanche du temps ordinaire

    Jean 6, 24-35 93

19ème dimanche du temps ordinaire

    Jean 6, 41-51 95

Assomption de la Vierge Marie 2007 97

20ème dimanche du temps ordinaire

    Jean 6, 51-58 99

21ème dimanche du temps ordinaire
    Jean 6, 60-69..101

22ème dimanche du temps ordinaire
    Marc 7, 1-8.14-15.21-23..104

23ème dimanche du temps ordinaire
    Marc 7, 31-37...106

24ème dimanche du temps ordinaire
    Marc 8, 27-35...108

25ème dimanche du temps ordinaire
    Marc 9, 30-37...110

26ème dimanche du temps ordinaire
    Marc 9, 38-43.45.47-48..112

27ème dimanche du temps ordinaire
    Marc 10, 2-16...114

28ème dimanche du temps ordinaire
    Marc 10, 17-30...116

29ème dimanche du temps ordinaire
    Marc 10, 35-45...119

30ème dimanche du temps ordinaire
    Marc 10, 46-52...121

Toussaint 2007..123

31ème dimanche du temps ordinaire
    Marc 12, 28-34...125

32ème dimanche du temps ordinaire

Marc 12, 38-44 127

33ème dimanche du temps ordinaire

Marc 13, 24-32 + Hébreux 10, 11-14.18 129

Le Christ Roi de l'univers

Jean 18, 33-37 131

1ᵉʳ dimanche de l'Avent

Marc 13, 33-37
2011

Avec le temps de l'Avent nous entrons dans une nouvelle année liturgique. L'Evangile de ce premier dimanche de l'Avent nous parle de la venue du Christ à la fin des temps. Nous comprenons ainsi que la fin et le début de l'année chrétienne se rejoignent : ces deux moments célèbrent le retour du Christ à la fin des temps, sa parousie. La première partie du temps de l'Avent n'a donc pas pour but de nous préparer à la fête de Noël (première venue du Christ). Elle oriente plutôt nos cœurs et nos regards vers une réalité dont nous ne savons pas à quel moment de notre histoire elle surviendra : « Il reviendra dans la gloire pour juger les vivants et les morts ; et son règne n'aura pas de fin… J'attends la résurrection des morts et la vie du monde à venir ». L'enseignement que Jésus nous donne en ce dimanche ressemble à celui que nous avons entendu il n'y a pas longtemps dans la parabole des talents. Regardons cette histoire que le Seigneur nous raconte pour mieux nous préparer à sa venue. « Il en est comme d'un homme parti en voyage ». Cet homme, c'est le Fils de Dieu qui, au jour de son Ascension, devient invisible à nos yeux de chair : il part en voyage et il quitte sa maison. Cette maison peut représenter l'Eglise ou encore la création tout entière. « Il a donné tout pouvoir à ses serviteurs ». Le Christ ressuscité a donné à son Eglise des pouvoirs spirituels comme par exemple le pouvoir de pardonner au nom de Dieu les péchés. Mais il donne aussi à chaque chrétien une participation à son pouvoir divin, et cela par le baptême et la confirmation. Le Seigneur, en partant, nous rend responsables. Il désire que nous utilisions notre liberté et nos dons pour la plus grande gloire de Dieu et pour le service de nos frères. Chacun de nous a son travail à accomplir en fonction de sa vocation.

C'est ce que la tradition chrétienne appelle le devoir d'état. Ce devoir n'est pas le même pour des parents chrétiens, pour un prêtre, pour une personne retraitée, pour un jeune etc. Il varie en fonction de notre âge, de notre santé, de notre engagement et de notre activité. Mais c'est toujours dans la fidélité à notre devoir d'état que nous obéissons à la volonté du Seigneur et que nous nous préparons à l'accueillir. Cette petite histoire nous rappelle donc la grande confiance que le Seigneur nous fait en nous rendant participant de son pouvoir et en nous donnant notre part de travail à réaliser sur cette terre tout au long de notre vie. L'invitation à veiller, à ne pas s'endormir, a pour but de nous faire prendre conscience que nous pouvons ne pas répondre à l'attente du Seigneur, et donc gaspiller ses dons et rater notre vie, même si, du point de vue humain, il peut sembler que nous ayons réussi en toutes choses. Une expression employée par saint Paul dans la deuxième lecture éclaire la nature du combat que nous avons à mener en tant que chrétiens : « Tenir solidement jusqu'au bout ». Il n'y a pas de vie chrétienne possible sans la fidélité de Dieu et sans notre fidélité. Foi et fidélité sont des mots qui ont une racine commune. Le danger qui nous guette tous c'est celui d'une âme inconstante. D'autant plus que l'air du temps ne va pas dans le sens de la fidélité aux engagements pris, à la parole donnée. La volonté humaine a été affaiblie par le règne des émotions et des sentiments. Or on ne construit rien de grand, rien de solide, sans une ferme volonté de parvenir au but que l'on s'est fixé et ce malgré tous les obstacles. Jésus nous le dit clairement dans l'Evangile : c'est par notre persévérance que nous serons sauvés. L'Avent est le temps de l'attente. Il est une image de ce qu'est notre vie tout entière : un désir de la présence et de la grâce du Christ Ressuscité. Notre attente de Dieu n'est pas passive : elle est vigilante. C'est une attente qui nous tient éveillés. Nous savons bien que Dieu le premier est fidèle à sa parole. Et c'est sur sa fidélité que nous pouvons construire la maison de notre vie. Notre fidélité à sa volonté est d'abord un don que nous avons à demander dans la prière. De même que nous avons à demander la fidélité à notre vocation et à notre devoir d'état, surtout lorsque nous sommes tentés d'aller voir ailleurs. Aussi si nous avons la joie d'avoir été fidèles jusqu'à maintenant, ce qui ne veut pas dire parfaits, n'en tirons aucun orgueil. Demeurons dans l'humilité en sachant que la route n'est pas terminée. Si nous tenons solidement, enracinés dans la foi, rendons grâce à Dieu.

Deuxième dimanche de l'Avent

Marc 1, 1-8

2008

En ce deuxième dimanche de l'Avent l'Eglise nous donne comme guide dans notre marche à la rencontre du Seigneur Jean-Baptiste. Jean est à la fois le dernier des prophètes et l'un des plus grands témoins du Christ. Il se tient à la frontière qui marque le passage de la première Alliance à la nouvelle Alliance dans le Christ. Et le lieu qu'il choisit pour accomplir sa mission de précurseur, c'est le désert. Jésus lui-même, après son baptême par Jean, suivra le même chemin sous l'impulsion de l'Esprit : il ira au désert avant de commencer sa mission de Sauveur. Il y restera 40 jours. Ce choix de Jean d'aller prêcher dans le désert peut nous sembler bien bizarre. Bien sûr il accomplit ainsi la prophétie d'Isaïe, c'est notre première lecture. Mais si Jean veut proclamer un baptême de conversion pour le pardon des péchés, pourquoi aller dans le désert et non pas là où les hommes habitent ? Peut-être parce que Jean veut se préparer intérieurement à sa grande mission. Et que le désert dans toute la Bible est à la fois le lieu de la rencontre avec Dieu et le lieu de la mise à l'épreuve. Ce choix de Jean nous dit toute l'importance des préparations, et l'importance dans notre vie des temps de silence, de méditation et de prière. Jésus s'est préparé pendant 30 ans à Nazareth et il y a ajouté une retraite de 40 jours au désert… Dans nos vies chrétiennes, et c'est valable autant pour les laïcs que pour les prêtres, un temps de retraite spirituelle annuelle n'est pas une option ou un luxe, mais bien une nécessité vitale. Au moins 3 jours par an consacrés uniquement à nourrir et à approfondir notre relation avec le Seigneur au désert… Ce ne serait déjà pas si mal ! Or que voyons-nous dans notre Evangile ? Un phénomène bien étonnant ! Jean, dans son désert, attire à lui les foules. Le bouche à oreille devait être très efficace en ces temps où ni la radio ni les journaux ni la télé ne donnaient les nouvelles… Jean est porteur d'une Bonne Nouvelle pour les pécheurs et les attire à lui dans ce lieu reculé. Aujourd'hui, en 2008, tous les responsables de l'accueil dans les communautés religieuses disent qu'ils sont parfois débordés par les demandes de personnes voulant se retirer au désert pour faire le point ou pour un séjour spirituel… A la suite de Jean, les moines et les moniales vivent ce paradoxe : ils se sont retirés au désert, dans des lieux solitaires, et pourtant ils attirent à eux les foules…

La grandeur de Jean nous est rendue évidente si nous réfléchissons un peu à cette situation. C'est pour lui un succès énorme, toutes ces personnes qui viennent se faire baptiser en masse dans les eaux du Jourdain et qui acceptent d'entendre sa prédication. Une prédication qui était à l'image de sa nourriture : à la fois douce comme le miel et amère comme les sauterelles. Jean est un prédicateur qui peut nous paraître austère, sévère. Eh bien, ce succès ne lui monte pas à la tête ! Jean est grand parce que justement il est humble. A aucun moment il ne se détourne de la vérité de sa mission. Il n'est pas là dans le désert en train d'organiser un show pour impressionner les foules venues à lui et se faire une carrière de prédicateur célèbre. Non, il n'est là que pour préparer le chemin au Christ. Il est là pour parler au cœur de Jérusalem. Il n'a pas d'autre but que celui-ci : que ces foules puissent aller à la rencontre du Seigneur et trouver auprès de Lui la consolation qui vient de Dieu. En ce sens Jean est l'image du parfait témoin du Christ.

« Voici venir derrière moi celui qui est plus puissant que moi... Moi, je vous ai baptisé dans l'eau ; lui vous baptisera dans l'Esprit Saint. » Le dernier des prophètes ne manipule pas les foules, il n'utilise pas son succès pour les tromper. Il est vraiment cet indicateur de la vérité. Envoyé par Dieu pour préparer les chemins de son Fils, il indique celui qui vient, le plus puissant, le plus fort que lui. Totalement saisi par la grandeur du Messie et le caractère unique de sa mission, il sait qu'il doit diminuer pour que le Christ grandisse dans les cœurs de ces personnes en attente de salut et de réconciliation. Son baptême dans l'eau n'est pas un sacrement, seulement un rite par lequel les Juifs de bonne volonté signifient leur volonté de conversion. C'est le plus puissant, celui qui vient, qui seul, peut baptiser dans l'Esprit. Ce qui signifie plus clairement que ce que l'homme Jean ne peut donner, l'homme Jésus parce qu'il est Fils de Dieu le donnera. Jean ne peut qu'appeler à la conversion. Mais le Christ, par le don de l'Esprit, est capable d'opérer cette conversion dans les cœurs. Seul Dieu peut en définitive convertir notre cœur de pierre *en un cœur de chair, c'est-à-dire en un cœur aimé, réconcilié et aimant*. Nous le savons bien, personne dans l'Eglise, pas même le pape, n'a ce pouvoir. A la suite de Jean, prêtres et évêques doivent être les témoins de la Bonne Nouvelle et appeler à la conversion, à l'accueil du Christ qui doit régner dans tous les cœurs. Mais c'est à chaque chrétien de *se donner les moyens d'accueillir intérieurement l'Esprit Saint pour que la parole entendue puisse porter tous ses fruits*. Et parmi ces moyens, il y a l'expérience de la retraite spirituelle, l'expérience du désert dans le silence et la prière.

3ème dimanche de l'Avent

Jean 1, 6-8. 19-28

2011

En ce troisième dimanche de l'Avent l'Evangile selon saint Jean nous remet devant les yeux la figure de Jean le baptiste. Nous l'avons déjà rencontré dimanche dernier. Il est dans un endroit désertique où il attire les foules en leur donnant un baptême de conversion. Sa présence, son activité et probablement son succès posent des questions aux responsables religieux du peuple à Jérusalem. Des prêtres, des lévites et des pharisiens sont donc envoyés pour lui poser des questions. La première de ces questions porte sur son identité : qui est donc cet homme nommé Jean ? A trois reprises Jean répond par la négative : « Je ne suis pas… ». Il ne rentre dans aucune des cases par lesquelles on voudrait le définir. Et il se définit lui-même en citant le prophète Isaïe : « Je suis la voix qui crie à travers le désert ». Jean est envoyé par Dieu, il est son messager, son prophète. Son message, si l'on se réfère à Isaïe, est un message de consolation pour le peuple tout entier. « Je ne suis pas le Messie », ce qui revient à dire : « Je ne suis pas le Christ ». La première lecture, extraite du prophète Isaïe, nous présente justement la figure du Christ sur lequel repose l'Esprit du Seigneur ainsi que sa mission : « porter la bonne nouvelle aux pauvres etc. ». Puisque Jean ne correspond pas dans son identité à ce que les Juifs voyaient en lui, ils lui demandent des comptes sur son activité. C'est leur deuxième question qui ressemble à une accusation : « Si tu n'es ni le Messie, ni Elie, ni le grand prophète, pourquoi baptises-tu ? » Alors que Jean est un ami de la vérité, un homme profondément humble, ils voient en lui un usurpateur, un charlatan. S'il n'est qu'une voix qui crie dans le désert, de quel droit baptise-t-il ? Le même genre de question sera posé à Jésus lui-même dans le chapitre qui suit à l'occasion de la scène des marchands chassés du temple : « De quel droit fais-tu cela, quel signe nous montres-tu ? » C'est la question de l'autorité qui donne le droit d'agir. On demande donc à Jean de se justifier. Et sa seule justification consiste à parler du Christ, celui qui vient derrière lui, après lui, mais qui est infiniment plus grand que lui : « Je ne suis même pas digne de défaire la courroie de sa sandale ». Ce qui signifie : je ne suis même pas digne d'être son esclave.

C'est l'esclave qui, à l'arrivée de son maître à la maison, se mettait à genoux pour lui enlever ses chaussures. Donc Jean ne répond pas directement à la question. Et il va même plus loin en s'adressant à ces hommes spécialistes de la religion juive : « Au milieu de vous se tient celui que vous ne connaissez pas ». C'est une manière polie de leur révéler leur ignorance quant à l'identité du Messie. Jean en sait plus qu'eux sur ce point. Notons aussi qu'il entretient le mystère en ne nommant pas celui qui vient après lui et qui se tient pourtant au milieu du peuple. Dans sa manière de répondre aux autorités, Jean pratique la théologie négative : celle qui dit de Dieu ce qu'il n'est pas pour laisser entrevoir que Dieu ne peut jamais être saisi ni connu par un esprit humain. « Au milieu de vous se tient celui que vous ne connaissez pas » : En ce temps de l'Avent nous sommes concernés par cette affirmation de Jean. Car quel chrétien peut dire qu'il connaît vraiment Jésus ? Et que signifie donc « connaître Jésus » ? Le catéchisme et la théologie sont utiles mais ne suffisent pas à nous donner la connaissance de « celui qui se tient au milieu de nous ». Cette expression suggère que la connaissance du Christ passe nécessairement par une expérience personnelle de sa présence et de sa proximité. Cette expérience personnelle nous pouvons la vivre dans la solitude de notre chambre comme dans les célébrations en Eglise. Elle peut coïncider avec la méditation des Evangiles et la célébration des sacrements. Mais la personne de Jésus est toujours plus grande que ces moyens qui nous sont donnés pour le connaître et vivre en communion avec lui. Le mystère du Christ est infiniment riche et c'est pour cette raison que nous ne le connaitrons jamais en plénitude ici-bas. Sur ce chemin, la voix de Jean nous invite à toujours marcher, toujours progresser, sans nous arrêter ni nous décourager. Le Christ est toujours en avant de nous, même s'il est déjà au milieu de nous. Et l'un des meilleurs moyens de le connaître, n'est-ce pas de mettre en pratique le commandement qu'il nous a laissé ? Celui de l'amour du prochain qui implique esprit de service, humilité, bienveillance, confiance et capacité de pardonner.

4ᵉᵐᵉ dimanche de l'Avent

Luc 1, 26-38

2011

La liturgie du 4ᵉᵐᵉ dimanche de l'Avent nous prépare directement à la célébration du mystère de Noël. Le récit de l'Annonciation à Marie est comme le prologue qui nous introduit au mystère de l'incarnation. Ce mystère d'un Dieu qui, par amour, s'est pour toujours uni à notre nature humaine est une réalité qui est demeurée cachée. Ce qui s'est passé dans la maison de Marie et ensuite à la crèche n'a été révélé qu'à un tout petit nombre de personnes parmi lesquelles Marie, Joseph, les bergers et les mages. Aucun journaliste n'était présent pour rendre publique cette nouvelle inouïe : La Parole de Dieu s'est faite chair dans le sein d'une jeune fille nommée Marie. L'événement le plus extraordinaire et le plus important de l'histoire de notre humanité est passé inaperçu. Si nous le connaissons, si nous le célébrons, c'est uniquement grâce aux témoins, dont saint Luc est le premier chaînon, qui nous ont transmis la bonne nouvelle des épousailles entre Dieu et notre humanité dans le sein de la Vierge Marie. Un proverbe affirme que le bien ne fait pas de bruit. Les grandes actions de Dieu en notre faveur suivent la même logique. Elles ne s'imposent pas à notre liberté de manière fracassante. Elles s'accomplissent dans la discrétion. Et surtout elles ont toujours besoin du consentement de l'homme pour se réaliser. Sans le « oui » de Marie il n'y aurait pas eu d'incarnation. Sans le « oui » de Joseph, son fiancé, Jésus n'aurait pas pu être le descendant du roi David.

Au moment où Gabriel la visite, Marie se trouve dans sa maison à Nazareth. C'est en effet la jeune fille de Nazareth que Dieu a choisi pour se construire une demeure parmi les hommes. Non pas un temple fait de pierres comme en rêvait le roi David mais un cœur de chair, un cœur humain, un cœur pur « comblé de grâce ». Si vous regardez dans vos Bibles une carte de la Palestine de l'Ancien Testament, essayez de trouver Nazareth sur cette carte ! Vous ne trouverez pas le nom de ce bourg qui n'est pas cité une seule fois dans tout l'Ancien Testament. Les choix de Dieu sont étonnants. Ce n'est pas à Jérusalem, la grande ville religieuse, la cité du roi David en Judée, qu'habite la Vierge choisie par le Père. Mais dans une ville inconnue et même méprisée par les Juifs... Lorsque Philippe présente à Nathanël Jésus de Nazareth, celui-ci répond : « De Nazareth ? Qu'est-ce qui peut en sortir de bon ? » Nazareth, au nord d'Israël, se situe dans cette région frontalière avec les païens, la Galilée. Contrairement aux représentations classiques de cette scène, Luc ne nous dit pas que Marie était en prière lorsque l'ange la visita. Elle était chez elle, vaquant probablement à ses occupations quotidiennes. Dieu choisit donc un cadre banal, ordinaire, quotidien pour révéler à Marie sa grande décision en faveur de notre humanité. A l'égard de Marie Dieu use d'une grande délicatesse. Gabriel ne lui révèle pas l'identité profonde du fils qu'elle va enfanter par l'action de l'Esprit Saint en elle.

Cette identité profonde ainsi que la mission divine de son fils, Marie devra la découvrir au fil des années jusqu'au moment où elle se retrouvera au pied de la croix avec Jean. C'est seulement à ce moment-là qu'elle comprendra la signification véritable des paroles de l'ange : « Il sera grand, il sera appelé Fils du Très-Haut ; le Seigneur Dieu lui donnera le trône de David son père ; il régnera pour toujours sur la maison de Jacob, et son règne n'aura pas de fin ». Gabriel demande à la jeune fille d'être la mère du Messie dans une perspective limitée à l'horizon juif. Elle enfantera un roi puissant, descendant de David. Et c'est à ce projet de Dieu qu'elle doit répondre « oui » pour le moment. Ce premier oui en exigera un autre, peut-être beaucoup plus difficile à donner. En contemplant son fils crucifié Marie, avec l'aide de l'Esprit Saint, comprendra qui est le Messie et quelle est sa mission. A ce moment-là il faudra qu'elle dise aussi « oui » à un Messie humilié, à un roi serviteur, au Fils du Très-Haut dans son abaissement le plus extrême. Elle comprendra que si, par grâce de Dieu, elle a donné naissance au Messie, ce n'est pas pour restaurer la puissance politico-religieuse de son peuple mais pour permettre à tout homme de devenir la demeure du Dieu Très-Haut et trois fois Saint. La logique du mystère de l'incarnation est celle de la grandeur de notre quotidien le plus banal, celle de l'universalité de l'amour divin. Mais nous avons bien besoin de toute notre vie pour vivre de ce mystère. Car c'est en chacun de nous que Jésus vivant veut se rendre présent en nous unissant à lui.

Noël 2010

Messe du jour
Jean 1, 1-18

Pour cette messe du jour de Noël, l'Eglise offre à notre méditation le prologue de l'Evangile selon saint Jean. Cette page évangélique est sans aucun doute l'une des plus belles de toute la Bible. Comment ne pas être touché tout d'abord par la beauté de la forme littéraire ? Le prologue de Jean mérite en effet d'être compté parmi les chefs d'œuvres de la littérature mondiale. Cette beauté de l'écriture et de la composition, Jean veut la mettre au service de la révélation divine. Le prologue de son Evangile est beau parce qu'il nous révèle avec une profondeur de vue unique en son genre le mystère de l'incarnation : « Le Verbe s'est fait chair, Il a habité parmi nous ». Si Luc dans la nuit de Noël essaie de nous rapporter le plus fidèlement possible l'événement de la crèche, Jean, lui, choisit de prendre ses distances avec la narration de la naissance pour nous plonger au cœur même du mystère que celle-ci inaugure. Nous percevons tous la densité théologique ce de prologue qui nous présente la naissance du Sauveur dans un contexte plus large, celui du projet de salut de Dieu pour notre humanité.

Inspiré par l'Esprit Saint, Jean a l'audace de commencer ainsi son Evangile : « Au commencement était le Verbe, la Parole de Dieu... ». Comment ne pas penser à la toute première page de la Bible, au début du livre de la Genèse ? « Au commencement Dieu créa le ciel et la terre ». Nous pourrions lire et méditer en parallèle le premier chapitre de la Genèse et le prologue de l'Evangile selon saint Jean. Ces deux textes bibliques s'éclairent mutuellement. Dans son prologue Jean insiste fortement sur le rôle créateur du Verbe, de la Parole de Dieu. Dieu crée toutes choses par son Fils unique, par sa Parole. Lorsque dans le magnifique poème de la Genèse nous trouvons le refrain : « Dieu dit », nous comprenons alors qu'il s'agit d'une formule théologique cachée sous une expression à l'apparence banale... Oui, Dieu dit parce qu'il a une Parole, et c'est bien par l'expression de sa Parole qu'il fait surgir du néant l'être et l'existence. Et que crée-t-il au premier jour de la création ? La lumière, qu'il sépare des ténèbres. Une lumière qui a un sens spirituel puisque le soleil est créé seulement au 4ème jour... Et que lisons-nous dans notre prologue à propos du Verbe de Dieu ? « En lui était la vie, et la vie était la lumière des hommes ; la lumière brille dans les ténèbres, et les ténèbres ne l'ont pas arrêtée ». Cette démonstration est peut-être difficile à suivre pour ceux qui n'ont pas une connaissance familière de ces textes mais elle nous indique une vérité précieuse dans le message transmis par l'évangéliste : A Noël, à l'instant où le Verbe se fait chair, c'est une nouvelle création qui commence, une recréation. La Genèse nous apprend que nous avons été créés à l'image de Dieu, selon sa ressemblance, par sa Parole. Cet Evangile nous révèle qu'à Noël Dieu crée pour lui des fils et des filles en nous donnant sa Parole, son Fils unique : « Il leur a donné de pouvoir devenir enfants de Dieu. Ils ne sont pas nés de la chair et du sang, ni d'une volonté charnelle, ni d'une volonté d'homme : ils sont nés de Dieu ». le grand mystère de l'incarnation annonce le mystère de notre renaissance par le baptême. Le Fils de Dieu se fait homme, pour que tout homme puisse devenir fils de Dieu. Voilà la signification principale du mystère que nous célébrons dans la joie et la gratitude. Dans la deuxième lecture nous avons comme un résumé de toute l'histoire du salut, histoire des alliances entre Dieu et les hommes. Il y a tout d'abord l'alliance fondamentale, celle de la Genèse, celle de la création. C'est ce qui est, que nous en soyons conscients ou pas : nous sommes tous des créatures de Dieu, nous portons dans notre vie, même blessée, la trace du Verbe créateur. Et avant de parvenir à la perfection de la Nouvelle Alliance, celle inaugurée par le mystère de Noël, il y a eu l'Ancienne Alliance, celle de Moïse, Alliance dans laquelle les créatures étaient appelées à servir Dieu pour trouver le salut. Avec l'incarnation, Dieu veut tisser avec nous des liens d'amitié, de tendresse, de confiance et d'amour. Il ne contente pas de ce qui est. Il ne veut plus voir en nous simplement des serviteurs, mais il veut nous appeler ses amis. Noël ne nous montre pas ce que nous sommes, si ce n'est notre condition de baptisés, mais ce que nous devons devenir : des amis de Dieu. Tout cela Jean le résume d'une manière synthétique dans son prologue : « Après la Loi communiquée par Moïse, la grâce et la vérité sont venues par Jésus-Christ ».

Dans la perspective de ce que nous venons de méditer sous la conduite de saint Jean, je laisse maintenant la parole au grand évêque de Lyon, saint Irénée :
« Oui, c'est le Verbe de Dieu qui a habité en l'homme, et qui s'est fait fils de l'homme, pour habituer l'homme à recevoir Dieu, et habituer Dieu à habiter en l'homme comme cela paraissait bon au Père ».

La sainte famille

Luc 2, 22-40

1999

Dans le temps de Noël le dimanche de la sainte famille est une invitation à prolonger notre contemplation du mystère de l'incarnation. En devenant notre frère en humanité le Fils de Dieu est entré l'histoire d'une famille humaine. Fêter la sainte famille c'est donc essayer de percevoir quelles furent les relations entre l'enfant Jésus, le jeune Jésus et ses parents Marie et Joseph. Même si la sainte famille est unique dans toute l'histoire des familles humaines elle nous est tout de même proposée en exemple : un exemple de pratique des vertus familiales et d'union par les liens de l'amour de Dieu. En cette année la liturgie de la Parole offre à notre méditation l'évangile de la présentation de l'enfant Jésus au temple. Nous essaierons de relever quelques aspects de cet évangile pour mieux comprendre le mystère de la sainte famille sans oublier que ce mystère nous renvoie à nos propres familles humaines : en effet ce mystère Dieu nous le donne en exemple. Le début de cet évangile nous parle de l'attitude religieuse des parents de Jésus. A trois reprises saint Luc mentionne la Loi, la Loi du Seigneur, la Loi de Moïse. Joseph et Marie nous sont présentés comme des parents respectueux de la loi juive, obéissants à cette loi. Ils font le chemin de Nazareth à Jérusalem pour accomplir un double rite dans l'enceinte du Temple : présenter l'enfant Jésus au Seigneur et présenter en offrande un sacrifice. Ils ne font pas preuve d'originalité. Ils font ce que font toutes les familles pieuses de leur époque. En présentant le nouveau-né au Seigneur ils reconnaissent qu'ils ne sont pas les créateurs de la vie. Marie reconnaît qu'elle n'a fait que transmettre la vie au petit Jésus. Joseph confesse que le vrai Père de Jésus est Dieu le Père. Ces attitudes sont importantes pour les parents chrétiens d'aujourd'hui. Leur première mission consiste à faire entrer leur enfant dans le peuple des croyants par le baptême. Fidèles à l'Eglise et à l'Evangile ils transmettent aussi le plus tôt possible au fruit de leur amour le trésor de la vie divine, le bien de la vie spirituelle. A la suite de Joseph et de Marie ils ont aussi à reconnaître que leur enfant est d'abord un enfant de Dieu. Etre parents cela ne signifie pas être propriétaire de sa progéniture. Etre parents c'est entrer d'emblée dans un esprit de détachement et de dépossession vis-à-vis de ses propres enfants.

La suite de l'évangile correspond à l'intervention de Syméon dans le Temple. Cet homme juste et religieux révèle en quelque sorte aux parents de Jésus, et en particulier à Marie, quelle sera la vocation, la mission de ce nouveau-né. Dans la Bible il est frappant de constater à quel point Dieu donne une vocation dès le début de l'existence. Un seul exemple avec le prophète Jérémie : « Avant même de te former au ventre maternel, je t'ai connu ; avant même que tu sois sorti du sein, je t'ai consacré ; comme prophète des nations, je t'ai établi ». On comprend alors pourquoi le concile Vatican II a qualifié l'avortement de « crime abominable ». Face à cette révélation de la vocation de leur enfant Joseph et Marie s'étonnent. Dans l'un de ses derniers mots Mgr. Raymond Bouchex nous révèle la raison de cet étonnement : « Dans sa petitesse et sa fragilité, un nouveau-né est toujours porteur de nouveauté pour ses parents, l'entourage et l'humanité tout entière. [...] Plus que tout bébé, Jésus porte en lui une nouveauté qui dépasse nos attentes ». A la suite de Joseph et de Marie les parents chrétiens doivent apprendre à devenir les serviteurs de la vocation de leurs enfants. Malheureusement certains parents projettent leurs rêves, leurs désirs sur l'avenir de leurs enfants. Dans l'orientation des jeunes les parents doivent être les témoins de la liberté authentique qui consiste à répondre « oui » au projet que Dieu a sur chacun de nous. Se mettre au service de l'épanouissement de ses enfants dans la recherche et l'accomplissement de leur vocation est le signe du véritable amour parental. Entre l'indifférence et la possession il y a le respect de la liberté de l'enfant et surtout de la liberté de Dieu. Et ce respect ne peut qu'impliquer les parents dans l'accompagnement de leurs enfants : Syméon n'hésite pas à dire à Marie ce qui l'attend : « Et toi-même, ton cœur sera transpercé par une épée ». La figure de la vieille Anne, plus discrète que celle de Syméon, est aussi importante. Nous pouvons tout simplement penser au bien immense que représentent pour un enfant des grands-parents fidèles à leur mission au sein de la famille.

Concluons en relevant la fin de cet évangile : « L'enfant grandissait et se fortifiait, tout rempli de sagesse, et la grâce de Dieu était sur lui ». le développement d'un enfant, d'un jeune au sein de la famille ne peut se faire que si les parents ont le souci d'une éducation intégrale : physique, intellectuelle et spirituelle.

Epiphanie du Seigneur

Matthieu 2, 1- 12
2011

Dans le temps de Noël la fête de l'Epiphanie nous permet d'approfondir le mystère de l'incarnation. Car l'Epiphanie va bien au-delà de l'image populaire des trois rois mages... que nous ne trouvons pas dans le texte de Matthieu, lui se contente de parler des mages venus d'Orient. L'Evangile de cette fête a en effet une signification théologique d'une grande richesse. L'une des questions à laquelle répond ce récit pourrait être la suivante : Qui est venu voir l'enfant Jésus ? Nous savons par saint Luc que ce furent d'abord des bergers des environs de Bethléem : des personnes simples, pauvres, probablement analphabètes. Les bergers ne jouissaient pas d'une bonne réputation dans le peuple d'Israël. Toujours est-il que les seuls Juifs qui sont venus à la crèche ce sont eux. Les mystérieux mages venus d'Orient sont d'une certaine manière aux antipodes des bergers de Bethléem : ce sont des lettrés, des savants, des personnes riches et en plus des non-Juifs donc des païens. Quand nous lisons les Evangiles nous voyons donc auprès de l'enfant Jésus uniquement les bergers et les mages. Cela signifie que Jésus est venu pour être le sauveur de tous. Il est l'Emmanuel, Dieu avec nous, non seulement pour les Juifs mais aussi pour les païens. Il est l'Emmanuel pour les pauvres et pour les riches, pour les illettrés et pour les savants. Lui ne fait pas de tri. Son amour est universel et renverse toutes les frontières. Cet Evangile de Matthieu nous montre d'un côté l'amour universel du Père manifesté dans son Fils et de l'autre notre responsabilité face à cet amour. Car si les mages sont venus adorer Jésus, comment se fait-il que l'élite politique et religieuse d'Israël ne se soit pas déplacée ? Où étaient le roi Hérode, les chefs des prêtres et les scribes d'Israël ? Non seulement ils ne se sont pas déplacés, mais ils furent pris d'inquiétude en apprenant la naissance du Messie par des païens venus à Jérusalem leur demander des précisions. Lorsque Dieu accomplit enfin ses promesses à la plénitude des temps, lorsque Dieu se fait l'un de nous, il ne suscite dans son peuple que de l'inquiétude... Comment se fait-il que la naissance d'un enfant entraîne autant de méfiance et de crainte ? Et pourtant ils savaient. Ils avaient la connaissance des Ecritures, et c'est cette connaissance qui leur permet de répondre à la question des mages. Mais leur connaissance religieuse, aussi parfaite fut-elle, ne les a pas fait bouger. C'était probablement une connaissance dépourvue d'amour. Ce phénomène se répète chaque jour dans notre humanité. Nous savons parfaitement qu'il faudrait changer telle ou telle habitude, adopter un comportement plus responsable, ne plus tolérer le mensonge et l'injustice, mais tout semble continuer comme avant.

L'Epiphanie est aussi l'occasion pour nous de réfléchir aux signes par lesquels Dieu nous parle. Bien sûr le premier et grand signe, c'est celui de l'enfant dans la maison de Bethléem. Car cet enfant est la Parole de Dieu faite chair. Remarquons toutefois

que les bergers, les mages et les chefs des prêtres ont tous eu des signes de la part de Dieu. Pour les bergers un ange, pour les mages une étoile et pour les prêtres les Ecritures. Lorsque Dieu nous donne des signes pour nous attirer à Lui, ce sont toujours des signes adaptés à ce que nous sommes. Les mages n'ont pas eu le même signe que les bergers. Lorsque Dieu nous donne un signe, il ne contraint jamais notre liberté. Nous en trouvons la preuve dans l'attitude des chefs des prêtres qui, tout en connaissant la vérité, n'ont pas agi en conséquence. Ils ont tout simplement dit « non » à l'invitation que Dieu leur adressait. Le Concile Vatican II a demandé aux chrétiens d'être attentifs aux signes des temps pour une plus grande fidélité à Dieu. Les signes des temps peuvent être des événements de la vie de notre monde, de notre planète, comme des événements connus de nous seuls dans notre vie personnelle. La foi, l'espérance et la charité nous donnent une lumière particulière pour reconnaître les signes des temps et à travers eux la volonté de Dieu. C'est par sa Providence que Dieu gouverne notre humanité. Il ne prend pas notre place, il ne nous enlève ni notre responsabilité ni notre liberté. Mais il nous parle à travers ses signes. Lorsque nous sommes capables de relire à la lumière de la foi les événements de notre vie et de notre planète, alors nous pouvons découvrir la Providence de Dieu à l'œuvre. Le tableau peut sembler parfois bien obscur et l'impression que le mal triomphe et gagne du terrain pourrait nous amener au découragement. Dieu cependant ne cesse de susciter par son Esprit des hommes et des femmes de bonne volonté qui n'ont comme force que la charité. Ce n'est pas forcément ce qui est le plus visible et le plus médiatisé mais cela existe bien davantage que nous ne pouvons le soupçonner habituellement. Les prêtres sont bien placés pour en être les témoins, eux qui dans leur ministère perçoivent ces signes de Dieu. Combien de fois ai-je pu m'émerveiller devant la générosité, le courage, la persévérance de tel homme ou de telle femme, croyant ou non-croyant ? Dans le Corps du Christ qui est l'Eglise il y a malheureusement bien des blessures, des divisions, des mesquineries... Mais il y a surtout un trésor inestimable de générosité, de don de soi et d'engagement. Hérode malgré tout son pouvoir royal n'a pas pu supprimer celui qui l'inquiétait : l'enfant-Dieu. Car la Providence a guidé les mages ainsi que saint Joseph.
Oui, la lumière brille dans les ténèbres et les ténèbres ne l'ont pas arrêtée !

Baptême du Seigneur

Marc 1, 7-11

2009

Avec la fête du baptême du Seigneur s'achève le temps de Noël. Lundi nous serons à nouveau dans le temps ordinaire, le temps de l'Eglise. Cet événement marque donc dans la vie du Christ comme une frontière et une transition. **Transition** entre le moment de la manifestation du Messie (temps de Noël) et les années de son ministère public (temps ordinaire).

Tout le temps de Noël est *une joyeuse célébration du mystère de l'Incarnation* par lequel Dieu vient réaliser toutes les prophéties de la première Alliance. Dans la première lecture Dieu parle de *sa parole qui sort de sa bouche*. Cette Parole éternelle de Dieu, voilà que dans la nuit de Noël elle entre dans notre temps, dans notre histoire, assumant en elle notre nature humaine : « Et le Verbe s'est fait chair, et il a habité parmi nous. » Le cycle de Noël nous montre les diverses manifestations de Jésus, Parole de Dieu. Tout d'abord aux bergers, des Juifs mais des parias de la société, ensuite aux mages, des païens venus d'Orient, et enfin, des années plus tard, aux Juifs venus recevoir le baptême de Jean. La liturgie unit donc deux évènements séparés par des années, la naissance de l'enfant Jésus à Bethléem et son baptême dans les eaux du Jourdain. Jean a beau proclamer son indignité, il doit baptiser Jésus. Notre Seigneur n'a besoin d'aucune purification puisqu'il est la Parole de Dieu faite chair. S'il se fait baptiser malgré tout, c'est pour nous montrer dans la logique de l'incarnation qu'en épousant notre nature humaine, il vient aussi en porter tous les péchés et tous les fardeaux. Si la manifestation du Messie dans la nuit de Noël fut discrète et réservée à quelques rares témoins, le baptême de Jésus est une manifestation éclatante de sa divinité. Au moment même où, par amour, il s'abaisse dans les eaux du Jourdain pour recevoir de Jean le baptême, le ciel se déchire, le ciel s'ouvre. L'incarnation, la naissance du Fils de Dieu, était déjà un abaissement d'amour. Dieu est l'Emmanuel, Dieu avec nous, au milieu de nous. Le baptême marque un degré de plus dans cet enfouissement de la Parole de Dieu dans notre pâte humaine. Et c'est par son humilité que Jésus justement nous ouvre le ciel. Son baptême est non seulement une manifestation de son rang divin de Fils mais aussi une manifestation de Dieu Trinité lui-même. Les trois personnes divines sont là bien présentes.

Dans la deuxième lecture saint Jean nous donne une clef de compréhension lumineuse de cet événement capital du baptême : « C'est lui, Jésus Christ, qui est venu par l'eau et le sang. » Oui, il vient d'abord par l'eau, en descendant dans les eaux du Jourdain. Mais ce baptême, au début de son ministère public, en appelle un autre, à la fin de ce même ministère. Dans sa Passion, Notre Seigneur viendra par le sang. C'est Jésus lui-même qui utilise le mot de « baptême » pour parler de sa Passion : « Je suis venu jeter le feu sur la terre, et comme je voudrais qu'il soit déjà allumé ! Mais je dois passer par un baptême, et quelle angoisse tant que ce n'est pas fait ! » La Passion est le sommet de cet abaissement par lequel Jésus révèle son identité la plus profonde et sa mission de Sauveur. Il est très beau de *lire en parallèle la manifestation par l'eau au baptême et la manifestation par le sang dans la Passion*. Au baptême l'Esprit descend sur le Christ, sur la Croix Jésus remet l'Esprit. C'est-à-dire qu'il le donne à notre humanité. « Lui vous baptisera dans l'Esprit Saint », avait dit Jean... Au baptême le Christ est béni par son Père : « C'est toi mon Fils bien-aimé ; en toi j'ai mis tout mon amour. » A la Croix il souffre de l'absence apparente du Père, de son silence : « Mon Dieu, mon Dieu, pourquoi m'as-tu abandonné ? » Et voilà que le spectacle de ce Messie humilié, mort sur le bois de la Croix, va donner à l'officier romain la grâce de la foi. Ce n'est plus la voix du Père qui proclame son Fils bien-aimé, mais celle d'un soldat païen : « En vérité cet homme était fils de Dieu. »

Contempler ainsi le baptême du Seigneur en lien avec son baptême dans la Passion nous ramène bien sûr à notre propre baptême. Pour reprendre une magnifique expression de la deuxième lecture nous sommes nés de Dieu. « Ils sont trois qui rendent témoignage, l'Esprit, l'eau et le sang. » Comment ne pas penser ici aux trois sacrements par lesquels nous sommes devenus chrétiens ? Baptême, confirmation et eucharistie. Mais ces sacrements ne peuvent pas agir en nous efficacement si nous ne sommes pas des hommes et des femmes de foi. Tout être qui est né de Dieu « est vainqueur du monde », dit saint Jean. Ce qui signifie vainqueur du mal, du démon. Comment ? Par notre foi en Jésus, Fils de Dieu et Sauveur. *L'itinéraire que Jésus a vécu du Jourdain au Golgotha, nous le vivrons aussi en tant que baptisés* : moments de consolation dans l'Esprit et moments de désolation dans l'épreuve. C'est notre vie de Fils de Dieu, notre vie de foi. Si nous demeurons fidèles au Seigneur, unis à Lui, alors nous savons que notre vie est féconde. Nés de Dieu par l'eau du baptême, nous pouvons être de vivantes paroles de Dieu pour nos contemporains. Et le baptême de notre mort corporelle accomplira en quelque sorte toute notre vie en ôtant enfin le voile de la foi.

2ᵉᵐᵉ dimanche du temps ordinaire

Jean 1, 35-42
2006

Tout au cours de son long pontificat le pape Jean-Paul II a souvent évoqué la nécessité d'*une nouvelle évangélisation*. Quel était le sens de cette insistance de sa part ? En tant que Pasteur de l'Eglise universelle, Jean-Paul II a pris conscience d'une manière aigue de la déchristianisation des pays de vieille chrétienté, surtout en Europe. Nous savons bien que la France n'est plus un pays chrétien. Face à ce constat le pape a invité tous les catholiques à s'engager dans une nouvelle évangélisation de l'Europe.

Beaucoup de catholiques français ont bien du mal à être les témoins du Christ aujourd'hui. Les causes de cette timidité et de cette frilosité peuvent être nombreuses. Permettez-moi d'en avancer quelques-unes. Tout d'abord il y a le contexte propre à la France. Pays qui ne cesse de mettre en avant la laïcité, la séparation entre l'Etat et les Eglises. La mentalité répandue veut que la religion soit une affaire strictement privée et personnelle, sans aucune influence réelle sur la société. Une autre raison est beaucoup plus profonde, intérieure. Elle tient à la faiblesse de la foi chez certains. Si l'on n'est pas soi-même pleinement convaincu de la vérité de l'Evangile, on ne peut pas transmettre la Bonne Nouvelle à ceux qui l'ignorent. Si la foi est faible c'est bien souvent parce qu'elle n'est pas assez formée. La majorité des catholiques en reste aux bribes de catéchisme apprises dans l'enfance et l'adolescence. Cela est insuffisant pour un adulte qui veut vivre sa foi de manière épanouie. Dans notre doyenné d'Orange / Bollène trois cycles de formations pour adultes sont proposés. Force est de constater que cela n'attire pas les foules. Or une foi non formée est une foi menacée d'asphyxie. Si la foi est faible c'est aussi parce qu'elle n'est pas assez enracinée dans la pratique : la messe du dimanche bien sûr, mais aussi et peut-être surtout l'expérience personnelle de la prière. Combien de catholiques adultes prennent le temps, ne serait-ce qu'une fois par an, de faire une récollection ou une retraite spirituelle ? Dans ces conditions il n'est pas étonnant que notre foi ne soit pas contagieuse. Nous ne pouvons être missionnaires si nous manquons de nourriture intellectuelle et spirituelle.

Vous me direz peut-être : quel est *le rapport avec l'Evangile de ce dimanche* ? Eh bien, le rapport me semble évident ! Cette magnifique page, au chapitre premier de saint Jean, nous offre le modèle de l'évangélisation. Ici tout part de Jean le précurseur. Jean témoigne en désignant Jésus comme l'Agneau de Dieu. Dès le début de l'Evangile c'est le salut par la Passion du Christ qui est annoncé. On peut donc traduire « *Agneau de Dieu* » par « *Sauveur* ». Immédiatement les deux disciples de Jean se mettent à suivre Jésus. L'évangélisation véritable conduit toujours au Christ.

Et voilà que le Christ entre en dialogue avec ces hommes qui le suivent : « *Que cherchez-vous ?* » Leur réponse peut nous sembler quelque peu énigmatique : « *Maître, où demeures-tu ?* » Remarquons que pour le moment nous n'avons que des questions. L'évangélisation permet aux hommes en recherche de se poser des questions, de poser des questions à l'Eglise et aux catholiques que nous sommes. En posant cette question, les disciples s'interrogent en fait sur l'identité de Jésus, et non pas sur son adresse ou sa maison. Ils savent qu'il est l'Agneau de Dieu. Mais ils veulent en quelque sorte pénétrer dans l'intimité de son être. « *Venez et vous verrez* ». Cette merveilleuse réponse du Seigneur, nous pouvons la faire notre chaque fois que nous évangélisons. Evangéliser, c'est donc entrer en dialogue avec ceux qui ne partagent pas notre foi. C'est aussi les inviter à faire une expérience spirituelle pour « voir », c'est-à-dire pour connaître Jésus. On ne peut connaître Jésus seulement à partir de débats théoriques et intellectuels.

André, nous dit l'évangéliste, était l'un des deux disciples. Et voilà que celui qui a été évangélisé devient évangélisateur à son tour ! Il va trouver son frère Simon pour lui dire : « *Nous avons trouvé le Messie* ». Il ne se contente pas de lui parler de Jésus, il amène son frère à Jésus. L'évangélisation a certes un contenu de foi à proposer pour révéler la personne de Jésus à ceux qui ne la connaissent pas encore. Ici ce contenu est double : Jésus est l'Agneau de Dieu et le Messie. L'évangélisation est en même temps une invitation à faire l'expérience de la présence du Christ dans sa propre vie. « *Tu es Simon, fils de Jean, tu t'appelleras Képha, ce qui veut dire 'pierre'* ». La personne qui a été vraiment évangélisée découvre qu'elle a une vocation, une mission, dont le changement de nom est, dans cet Evangile, le signe.
Alors *n'ayons pas peur de témoigner simplement auprès de nos frères* de l'importance de notre foi et de la joie profonde que nous apporte notre relation au Christ ressuscité.

3ème dimanche du temps ordinaire

Marc 1, 14-20

2012

Au début du temps ordinaire l'Eglise nous fait méditer les commencements du ministère public de Jésus en Galilée. L'évangéliste Marc nous fait comprendre qu'une nouvelle période de l'histoire du salut commence. Non seulement Jean-Baptiste a été emprisonné mais les temps sont accomplis. La toute première prédication du Seigneur annonce l'Alliance nouvelle et définitive, et l'entrée de notre histoire dans les derniers temps. Il est significatif que dès le commencement de son ministère public le Seigneur appelle les quatre premiers disciples à tout quitter pour le suivre. Simon, André, Jacques et Jean reçoivent leur vocation de pêcheurs d'hommes, ils deviennent apôtres et évangélisateurs. Pour porter la Bonne Nouvelle de Dieu aux hommes Jésus s'associe ces hommes, simples pêcheurs du lac de Galilée. Lui, le Fils de Dieu, la Parole du Père, ne veut pas accomplir sa mission en solitaire. L'appel des premiers disciples nous montre déjà la réalité de l'Eglise, peuple de Dieu. Et cela à un double titre : celui de disciples et celui d'apôtres. On ne peut pas être disciple de Jésus tout seul, en s'isolant des autres. Ecoutons ce que nous dit le concile Vatican II à propos de l'Eglise, peuple de Dieu : Le bon vouloir de Dieu a été que les hommes ne reçoivent pas la sanctification et le salut séparément, hors de tout lien mutuel ; il a voulu en faire un peuple qui le connaîtrait selon la vérité et le servirait dans la sainteté. Le chrétien a bien sûr une relation personnelle et unique avec Dieu par Jésus dans l'Esprit. Mais cette relation il ne peut la vivre que dans la communion de l'Eglise. Il est impossible d'appeler Dieu notre Père et de refuser les frères qu'il nous donne. Nous ne pouvons pas prétendre aimer Dieu que nous ne voyons pas et ne pas aimer ses fils et ses filles qui sont à nos côtés. La communauté Eglise est le premier lieu, avec la famille, de l'apprentissage de l'amour du prochain. Et comme dans une famille cela n'exclue pas les discussions et parfois les disputes. Quand nous lisons les Actes des Apôtres nous constatons que Paul et Pierre n'étaient pas d'accord sur l'attitude à adopter par rapport aux païens et se le disaient en toute franchise. En demandant à ses disciples de prier le notre Père, Jésus leur a interdit de se couper des autres et de l'Eglise. Seul Jésus peut prier Dieu en disant : « mon Père ». Car il est le Fils unique de Dieu. Si l'on n'est pas disciple tout seul, l'on n'est pas non plus apôtre tout seul. Un peu plus loin dans l'Evangile de Marc est relatée l'institution des Douze.

Ces douze hommes auxquels Jésus donne la vocation d'apôtres sont en quelque sorte le noyau initial de l'Eglise. Et ces apôtres Marc nous dit que Jésus les envoie en mission deux par deux. Le caractère communautaire de la mission est donc institué par Jésus. Les évêques unis au pape sont les successeurs des apôtres unis à leur chef Simon-Pierre. Le concile Vatican II qui a beaucoup parlé des évêques a remis en valeur cette dimension collégiale de leur ministère : Le soin d'annoncer l'Évangile sur toute la terre revient au corps des pasteurs : à eux tous, en commun, le Christ a donné mandat en leur imposant un devoir commun. Un évêque, même s'il est le responsable d'une Eglise particulière, ne gouverne pas cette Eglise en solitaire. Il fait partie d'un collège, celui des évêques, en communion avec le pape. Il en va de même des prêtres qui sont les collaborateurs des évêques. Un prêtre est toujours intégré dans un presbyterium, terme désignant l'ensemble des prêtres d'un diocèse en communion avec l'évêque. Il y a donc dans le peuple de Dieu, dans le corps du Christ, cette nécessité que tous les membres collaborent les uns avec les autres, chacun selon sa vocation propre, pour que l'Eglise annonce l'Evangile du Christ. Même lorsque je rends témoignage de ma foi de manière personnelle je suis toujours soutenu par toute l'Eglise, je suis en communion avec tous les autres chrétiens. Ces hommes que le Christ a appelé n'étaient pas parfaits, nous le savons, très vite des jalousies ont même surgi dans le groupe des Douze : Jacques et Jean s'approchent de Jésus et lui disent : « Maître, nous voudrions que tu exauces notre demande. » Il leur dit : « Que voudriez-vous que je fasse pour vous ? » Ils lui répondirent : « Accorde-nous de siéger, l'un à ta droite et l'autre à ta gauche, dans ta gloire. » Les dix autres avaient entendu, et ils s'indignaient contre Jacques et Jean. Jésus les appelle et leur dit : « Vous le savez : ceux que l'on regarde comme chefs des nations païennes commandent en maîtres ; les grands leur font sentir leur pouvoir. Parmi vous, il ne doit pas en être ainsi. Celui qui veut devenir grand sera votre serviteur. Celui qui veut être le premier sera l'esclave de tous : car le Fils de l'homme n'est pas venu pour être servi, mais pour servir, et donner sa vie en rançon pour la multitude. » Dans l'Eglise l'esprit d'ambition est un poison qui fait obstacle à la mission. Au contraire se situer comme membre d'un peuple nous appelle à la vertu d'humilité et à l'esprit de service.

4ème dimanche du temps ordinaire

Marc 1, 21-28

2012

Après l'appel des quatre premiers disciples au bord du lac de Tibériade, l'évangéliste Marc nous rapporte le premier ministère de Jésus en Galilée. Simon et André habitaient Capharnaüm, ville située au bord du lac, et c'est à partir de cette bourgade que Jésus va commencer son ministère. Pour donner son enseignement le Seigneur choisit le cadre de la religion juive, celle dans laquelle il est né et a été élevé : le jour du sabbat, dans la synagogue. Il prêche donc à des Juifs. Le premier sermon de Jésus dans la synagogue a marqué les esprits. Les auditeurs ont compris qu'avec cet homme quelque chose de nouveau se manifestait. Son autorité n'était pas seulement celle qui vient des hommes, des titres ou des diplômes. La suite du récit a de quoi nous étonner. Un homme « tourmenté par un esprit mauvais » participait au culte du sabbat ce jour-là ! C'est comme si parmi nous, aujourd'hui, il y avait un possédé ! C'est étrange qu'un possédé vienne à la messe... Pourquoi donc cet homme s'était-il rendu à la synagogue, lieu du culte divin ? On peut supposer qu'il ne s'y rendait pas chaque sabbat. Mais que poussé par l'esprit mauvais il y est venu pour affronter la présence du Christ ce jour-là. Nous voyons que dès le début de la prédication du Christ le démon se manifeste à travers cet homme. Lui, il sait très bien qui est ce prédicateur à l'autorité exceptionnelle : « Le Saint, le Saint de Dieu ». Il sait que cette autorité vient de Dieu et que Jésus a le pouvoir de le perdre. A l'autorité de sa parole le Seigneur va joindre l'autorité de son action : il va délivrer le possédé et expulser l'esprit mauvais. Le raison de cet exorcisme est en fait double : bien sûr Jésus veut montrer par là le but de sa mission, libérer tout homme du pouvoir du mal pour en faire un fils de Dieu. Mais cet exorcisme annonce ce que les biblistes appellent le secret messianique dans l'Evangile de Marc. Les démons savent qui est Jésus et ils le crient. Or Jésus les fait taire : Silence ! Pourquoi donc ? Parce qu'il veut garder la liberté de se révéler quand il le voudra et comme il le voudra. Parce qu'il veut éviter qu'on le prenne pour un Messie libérateur de type politique et nationaliste. Parce qu'il veut que la foi en lui surgisse dans le cœur de ses disciples et sur leurs lèvres comme le fruit du don de Dieu. Et ce sera l'épisode si important de la profession de foi de Simon-Pierre. Les démons sont bien capables de donner des informations justes sur l'identité de Jésus mais ils sont incapables de donner la foi. Ils représentent cette foi purement intellectuelle et théorique, une foi coupée de la charité envers Dieu et envers le prochain.

C'est pour cela que le Seigneur avec son autorité divine les condamne au silence. Ce qui se passe ce jour-là dans la synagogue de Capharnaüm montre aux disciples ce qu'est l'autorité véritable. Celle avec laquelle ils devront à leur tour annoncer l'Evangile. L'autorité véritable consiste à faire ce que l'on dit, à mettre en adéquation

ses actes et ses paroles. Il ne s'agit donc pas tant de proclamer l'Evangile que de devenir soi-même l'Evangile. Jésus est la Parole de Dieu faite chair. Les apôtres, les chrétiens, doivent à leur tour devenir autant de paroles de Dieu vivantes, pas seulement quand ils sont en situation de témoignage, mais aussi dans leur vie cachée, surtout quand personne ne les voit. C'est quand nous sommes seuls, dans le secret de notre chambre, avec notre conscience et la présence de Dieu, qu'il nous est impossible de jouer un rôle : là nous devons être vrais. C'est de cette vérité-là, celle du témoignage de notre conscience, celle qui vient de notre ferme volonté de ne pas tricher avec nous-mêmes et de ne pas tromper Dieu, que vient notre autorité de chrétiens et de témoins. Dans la constitution dogmatique sur la révélation divine, le concile Vatican II nous présente d'une manière saisissante les moyens que Dieu a choisis afin de révéler son salut dans la personne du Christ. Nous y retrouvons cette correspondance entre les paroles et les actes dans celui qui est la Parole de Dieu :
C'est donc lui, Jésus, – le voir, c'est voir le Père – qui, par toute sa présence et par la manifestation qu'il fait de lui-même par ses paroles et ses œuvres, par ses signes et ses miracles, et plus particulièrement par sa mort et sa résurrection glorieuse d'entre les morts, par l'envoi enfin de l'Esprit de vérité, achève en l'accomplissant la révélation, et la confirme encore en attestant divinement que Dieu lui-même est avec nous pour nous arracher aux ténèbres du péché et de la mort et nous ressusciter pour la vie éternelle.

5ème dimanche du temps ordinaire

Marc 1, 29-39

2009

En continuant notre lecture du premier chapitre de l'Evangile selon saint Marc nous découvrons de plus en plus ce qu'était la vie de Notre Seigneur au commencement de son ministère public en Galilée.

Les premiers jours de sa prédication, après le baptême donné par Jean, sont des jours très remplis. Saint Marc nous montre le Seigneur guérissant les malades et délivrant les possédés « le soir venu, après le coucher du soleil »... Et c'est « bien avant l'aube » que le Seigneur se lève pour prier. Bref les nuits devaient être courtes. Pendant 30 ans, Jésus est resté avec Marie et Joseph à Nazareth pour y vivre sa vie cachée. Il a pris ce très long temps pour se préparer à sa mission de Sauveur dans l'humilité de la vie quotidienne. Cette période de la vie cachée provoque notre curiosité, à tel point que les Evangiles apocryphes ont essayé de remplir « ce trou » dans la chronologie de la vie du Christ. Mais il nous faut accepter ce choix du Seigneur qui, à nos yeux, pourrait passer pour du temps perdu... Avec notre mentalité souvent très proche de l'activisme... Et voilà que d'un seul coup le temps semble s'accélérer ! Jésus a des nuits bien courtes. Certainement parce que « *les délais sont accomplis, le Règne de Dieu est là* » et qu'il y a désormais une urgence à le proclamer. Ce contraste entre les jours de la vie cachée et le commencement de la vie publique est un enseignement pour nous, dans notre manière de vivre le temps qui nous est donné par Dieu. Dans ce contexte le livre de l'Ecclésiaste peut nous aider avec son magnifique poème sur le temps : « *Il y a sous le soleil un moment pour tout, et un temps pour chaque entreprise : un temps pour naître, et un temps pour mourir ; un temps pour planter, un autre pour déraciner la plante etc.* » Nous avons dans notre vie, avec l'aide de l'Esprit Saint, à discerner justement les signes des temps. Et à comprendre qu'à certains moments nous devons être plus actifs et à d'autres plus en retrait. En fonction de notre vocation et de notre devoir d'état, nous avons à rechercher cette intelligence du cœur qui nous permet de nous adapter au temps que Dieu nous donne aujourd'hui.

Comment sont remplies ces premières journées du ministère de Jésus ? L'évangéliste nous peint l'activité du Seigneur en un magnifique triptyque : Guérisons, Prière et Evangélisation. Je voudrais m'attarder en ce dimanche sur la prière de Jésus, car c'est la première fois que saint Marc nous le montre en prière. Nous constatons à quel point Jésus est comme mangé par les foules. Bien des apôtres et des missionnaires vivront après lui une situation identique. Pensons simplement au témoignage du grand évangélisateur de l'Asie, saint François-Xavier qui avait du mal à prier son bréviaire sans être dérangé... Et au saint curé d'Ars qui était comme emprisonné dans son confessionnal. Lorsqu'à la fin du premier chapitre, le Seigneur guérit un lépreux, sa renommée est tellement grande qu'il est obligé de fuir les lieux habités : *« Jésus ne pouvait plus se montrer dans une ville ; il restait à l'écart dans des lieux déserts. Même ainsi on venait à lui de toutes parts. »* N'oublions pas que le Seigneur est vraiment homme, et qu'à ce titre il connaît comme nous la fatigue et le besoin de se ressourcer dans la solitude et le silence. En tant que Fils de Dieu, il n'a pas besoin de prier. La vie trinitaire est en elle-même échange d'amour et de vie dans une parfaite égalité entre les personnes divines. En priant de nuit, Jésus, vrai homme et vrai Dieu, nous donne un enseignement sur l'importance vitale de la prière. Il répond à l'avance aux excuses que nous nous donnons : « je n'ai pas le temps de prier », par exemple. Les moines, à la suite de saint Benoît, ont honoré cette prière nocturne du Seigneur par le lever de nuit. Un fils de saint Benoît, Dom Romain Banquet, écrivait : *« La nuit n'est pas principalement pour le sommeil, mais surtout pour favoriser les mystérieux rapports de Dieu avec les âmes, et des âmes avec Dieu. Ses ténèbres, son silence, un charme pur et secret qui vient d'En Haut, invitent l'âme et l'entraînent aux ascensions intérieures, lumineuses et sanctifiantes. »* Nous ne sommes pas moines, et nous n'avons pas à les copier mais peut-être à nous inspirer de l'esprit de prière qui les anime. Dans la nuit, le sens de la vue comme celui de l'ouïe sont mis en retrait : pas de lumière, pas de bruit. Et c'est ce retrait de nos sens qui favorise en nous le sixième sens, le sens spirituel, celui qui nous relie à Dieu par la foi, l'espérance et la charité. Alors, même si nous ne prions pas de nuit, nous pouvons rechercher un cadre de prière qui nous évite les distractions des sens : dans le silence ou le calme, en fermant les yeux par exemple. Pour conclure je laisserai la parole à Maurice Zundel : *« La prière est un don que Dieu fait à l'homme ; c'est l'homme qu'elle honore, parce qu'elle le met sur un pied d'égalité avec Dieu. En faisant pour une part dépendre notre destin de nous-mêmes, de notre prière, Dieu nous traite comme des égaux. La prière c'est le choix que nous faisons de Dieu. Nous nous approchons de Dieu à pas d'amour. C'est une conversation avec Dieu. »*

6ème dimanche du temps ordinaire

Marc 1, 40-45

2012

L'évangéliste saint Marc nous rapporte en ce dimanche la guérison d'un lépreux au moment où Jésus vient de commencer son ministère public en Galilée. En s'approchant du Seigneur le lépreux désobéit à la loi de Moïse. Comme nous le rappelle la première lecture les lépreux devaient vivre à l'écart, hors des villes et des lieux habités, et signaler leur présence en criant « impur, impur ! » lors de leurs déplacements pour que les autres s'éloignent d'eux. C'est une grande foi qui pousse le lépreux à s'avancer vers Jésus. A sa foi s'ajoute son humilité à la fois dans son attitude corporelle et dans sa manière de demander sa guérison : « Si tu le veux, tu peux me purifier ». Cette parole témoigne de l'humilité et de la foi de cet homme. Elle confesse la puissance du Christ (« tu peux ») et en même temps elle respecte sa liberté, elle ne lui force pas la main (« si tu le veux »). La parole du lépreux est un modèle pour notre prière chrétienne de demande. L'unique attitude qui obtient l'exaucement de notre prière, c'est bien celle qui consiste justement à ne rien exiger de Dieu mais à tout attendre de sa grâce et de sa bonté : « Que ta volonté soit faite ! ». Face à une si grande foi et une humilité aussi vraie le cœur de Jésus « craque » en quelque sorte. Non pas que le feu de l'amour divin n'y soit pas présent en permanence. Mais la pitié, la compassion du Seigneur pour cet homme est une réponse à son attitude. Dans la plupart des cas Jésus a toujours besoin d'une attitude spirituelle juste de la part des hommes pour pouvoir réaliser en eux ses merveilles : que ce soit la conversion du cœur, le pardon des péchés ou une guérison physique. Plus loin dans le même Evangile le Seigneur enseigne à ses disciples la puissance de la foi : « Tout ce que vous demandez dans la prière, croyez que vous l'avez reçu et vous le recevrez ». Une autre qualité de la prière chrétienne est la persévérance, il faut prier sans se décourager comme le montre l'histoire de la veuve et du juge inique chez saint Luc. Sans oublier que le « Notre Père » reste le meilleur modèle de notre prière de demande. En touchant le lépreux Jésus, lui aussi, désobéit à la loi de Moïse. Son exemple sera suivi par bien des saints tout au long de l'histoire de l'Eglise. Dans notre page d'Evangile il existe un contraste saisissant entre la pitié de Jésus et la manière dont il s'adresse au lépreux après sa purification : il le renvoie avec un avertissement sévère.

Cet avertissement lui demande de se taire et de se conformer à la Loi en allant se montrer au prêtre pour qu'il constate la guérison et le réintègre dans la communauté des fils d'Israël. La consigne sur le silence nous rappelle que le Seigneur n'a jamais voulu utiliser ses miracles de guérison pour se faire de la publicité. Au contraire Jésus a montré par son attitude que ces guérisons n'étaient pas le but premier de sa mission, elles n'étaient que des signes de la guérison spirituelle. C'est pour cette raison que dans une interprétation spirituelle de notre Evangile il est possible de parler de la lèpre du péché qui, en nous éloignant de Dieu, nous exclut de la communion fraternelle avec les autres. Le prêtre qui, au nom de Dieu et par la puissance du nom de Jésus, pardonne les péchés fait quelque chose de beaucoup plus merveilleux que s'il avait le don de guérir les maladies. Comment le lépreux aurait-il pu obéir à Jésus ? Cela semble bien difficile de se taire quand on a été guéri de la lèpre pour la simple raison que cela se voit immédiatement. Et que les gens qui vous connaissent viennent vous poser des questions sur le comment de votre guérison... Ce qui est intéressant dans notre Evangile c'est bien la conséquence de cette désobéissance du lépreux : « De sorte qu'il n'était plus possible à Jésus d'entrer ouvertement dans une ville. Il était obligé d'éviter les lieux habités ». En guérissant le lépreux Jésus prend réellement sa place : il devient le lépreux, celui qui habite dans les lieux désertiques, en dehors des villes. Chaque fois que nous méditons le mystère de la Passion du Seigneur et de sa mort sur la Croix, nous contemplons l'Agneau de Dieu qui porte tous nos péchés pour nous en délivrer. Et c'est bien en dehors des murs de Jérusalem, sur le Golgotha, que Jésus a offert sa vie. En portant notre péché il s'est exclu de la vie en société, et passant de la gloire des rameaux à la malédiction du supplice, il s'est fait lépreux.

7ème dimanche du temps ordinaire

Marc 2, 1-12

2012

En ce dernier dimanche du temps ordinaire avant notre entrée en Carême nous venons d'écouter le récit de la guérison de l'homme paralysé. Nous sommes au début du ministère public de Jésus en Galilée, dans la maison de Simon et d'André à Capharnaüm. Jésus y enseigne les foules venues très nombreuses l'écouter. La guérison du paralytique est double : spirituelle et physique. L'évangéliste nous présente donc Jésus comme le médecin des âmes et des corps. « Voyant leur foi, Jésus dit au paralysé : Mon fils, tes péchés sont pardonnés ». Cet acte de Jésus qui pardonne les péchés du paralytique est doublement surprenant. Ici le Seigneur s'appuie sur la foi des compagnons du paralysé pour agir. D'habitude quand il fait un miracle il a en quelque sorte besoin de la foi de la personne qui est malade. Les quatre hommes qui portent le paralysé ainsi que ses amis sont une belle image de l'Eglise. Dans la communion de l'Eglise nous prions en effet les uns pour les autres. C'est ainsi que la foi des uns peut aider les autres. Par notre foi nous pouvons donc obtenir pour les autres des dons du Seigneur. Ce qui est aussi surprenant c'est qu'en déposant devant Jésus leur compagnon paralysé ces hommes demandaient une guérison physique et le Seigneur pardonne les péchés ! La guérison physique viendra après pour répondre aux murmures des scribes. Cela nous montre que la première mission de Jésus, sa mission essentielle, hier comme aujourd'hui, c'est bien la guérison spirituelle de chacun d'entre nous, notre libération des forces du mal. Il est venu pour que nous devenions des fils de Dieu. Il faut relever la manière avec laquelle le Seigneur s'adresse au paralysé : « Mon fils ». Jésus se met en quelque sorte à la place de Dieu qui seul est Père. Il le peut parce qu'il est en effet le Fils unique. Ce que les scribes ne savent pas. D'où leur accusation de blasphème, accusation gravissime, puisque le blasphème était puni de mort. Dès le début l'ombre de la croix est donc présente.

8ème dimanche du temps ordinaire

Marc 2, 18-22
2006

Pour ce dernier dimanche du temps ordinaire avant le début du Carême, l'Evangile nous rapporte un débat sur le jeûne ! Excellente transition vers le Carême !
Nous sommes dans les toutes premières pages de l'Evangile selon saint Marc. Et déjà les disciples de Jésus *se différencient* des disciples de Jean et des pharisiens.
La question porte sur une pratique religieuse du judaïsme, le jeûne. Mais le débat de fond va bien au-delà du jeûne. Ce qui pose ici question, c'est bien une nouvelle manière de vivre la foi et la religion de la part des disciples de Jésus… Les hommes qui suivent le Christ et écoutent son enseignement suscitent l'incompréhension, l'étonnement, d'où la question : « Pourquoi ? »
Avant toute chose, remettons cette discussion dans son contexte. Dimanche dernier, nous avons entendu le récit de la guérison du paralytique. L'essentiel de ce récit se trouve dans le fait que Jésus pardonne les péchés, ce qui est le propre de Dieu. Notre lecture suivie de l'évangile selon saint Marc saute cependant un passage : l'appel de Lévi. Jésus et ses disciples sont alors invités à un repas chez Lévi, et là encore ils choquent, sans le vouloir, les pharisiens : « Comment ! Il mange avec les collecteurs de l'impôt et les pécheurs ? » C'est donc d'abord l'attitude de Jésus qui choque, qui pose question. Ses disciples ne font que le suivre.

Ils ne jeûnent pas. Ils ne correspondent pas au portrait idéal du croyant juif, pieux et fervent. La réponse de Jésus est une véritable révélation : « Les invités de la noce pourraient-ils donc jeûner, pendant que l'Epoux est avec eux ? » En pardonnant les péchés du paralytique, Jésus se révélait comme le Fils de Dieu, le Seigneur. Ici, sans le dire directement, il se révèle comme l'Epoux. Or à la lumière de la première lecture et de bien d'autres textes bibliques, nous savons que dans le langage de l'Alliance l'Epoux c'est Dieu. Et l'épouse, c'est le peuple d'Israël, le peuple de Dieu. Donc Jésus se révèle ici non seulement comme l'envoyé de Dieu, le Messie, mais encore comme celui qui est divin. Il révèle une nouveauté extraordinaire, mais il le fait de manière voilée. Par le mystère de l'incarnation quelque chose de radicalement nouveau advient. Ou plutôt quelqu'un : Jésus, Fils de Dieu, venant inaugurer la Nouvelle Alliance. En présence de cette nouveauté dans l'histoire du salut, les traditions religieuses comme le jeûne, aussi vénérables soient-elles, passent au second plan. Jésus dit surtout qu'elles peuvent même devenir *inadaptées* à cause de la nouveauté de la situation : « Personne ne met du vin nouveau dans de vieilles outres. […] A vin nouveau, outre neuves ». Déjà un petit livre de sagesse dans l'Ancien Testament déclarait qu'il y a un temps pour chaque chose : « Il y a sous le soleil un moment pour tout, et un temps pour chaque entreprise. Un temps pour naître, et un temps pour mourir ; un temps pour planter, un autre pour déraciner la plante ». C'est le livre de l'Ecclésiaste. Une tradition religieuse vénérable, dès le moment où elle se fige dans la lettre, n'est plus vécue selon la sagesse divine, selon « l'Esprit qui donne la vie ». La Tradition de l'Eglise est vivante parce qu'elle est la conjonction actuelle entre les inspirations de l'Esprit et l'histoire de notre humanité. L'homme vraiment religieux ne vit pas dans le passé en l'idéalisant. Ici encore le livre de l'Ecclésiaste nous met en garde contre cette vision passéiste de la religion, enfermée dans les limites de la lettre : « Ne dis pas : 'Comment étaient les temps anciens ? Sûrement meilleurs que ceux d'aujourd'hui.' Ce n'est pas la sagesse qui te fait poser cette question ». L'homme vraiment religieux essaie de vivre dans l'aujourd'hui de Dieu. Il reste ouvert aux inspirations de l'Esprit et à la présence du Christ, vivant et agissant dans son Eglise, aujourd'hui.

Nous savons bien que Jésus n'est pas contre le jeûne : il l'a lui-même pratiqué et recommandé. Simplement il défend ses disciples accusés à tort d'impiété : « Tant qu'ils ont l'Epoux avec eux, ils ne peuvent pas jeûner. Mais un temps viendra où l'Epoux leur sera enlevé : ce jour-là ils jeûneront ».

Nous avons l'immense grâce de vivre selon la Loi de la Nouvelle Alliance, la Loi de l'Esprit gravée dans nos cœurs de chair. Demandons pour nous-mêmes et pour notre Eglise une double grâce : celle d'être fidèles à l'Evangile du Christ, et celle de la sagesse pour pouvoir actualiser l'Evangile dans notre monde. Car c'est bien dans le cœur de nos contemporains que la Parole de Dieu doit aujourd'hui porter tous ses fruits de vérité, d'amour et de paix.

9ème dimanche du temps ordinaire

Marc 2, 23- 3,6

2000

L'évangile de ce dimanche nous rapporte encore une situation conflictuelle. Souvenons-nous de l'évangile de dimanche dernier : « Pourquoi tes disciples ne jeûnent-ils pas comme les disciples de Jean et ceux des pharisiens ? » Et en remontant encore d'un dimanche dans le cycle liturgique nous avons entendu la réaction des scribes : « Pourquoi cet homme parle-t-il ainsi ? Il blasphème. Qui donc peut pardonner les péchés, sinon Dieu seul ? » Et nous n'en sommes qu'au début du chapitre troisième dans l'évangile selon saint Marc... Tout cela pour dire qu'après une brève période de succès le premier ministère de Jésus en Galilée a très vite suscité l'opposition et la contestation. La fin de cet évangile nous montre clairement que la Passion se profile déjà l'horizon : « Une fois sortis, les pharisiens se réunirent avec les partisans d'Hérode contre Jésus, pour voir comment le faire périr ».

Au premier abord ce qui est en jeu n'a plus guère d'intérêt pour nous aujourd'hui : le conflit naît d'une divergence d'interprétation de la loi sabbatique. Dans un cas c'est l'attitude des disciples qui choque les pharisiens, dans l'autre c'est l'attitude de Jésus lui-même. Il est important de relever cela en gardant en mémoire les conflits précédents : celui concernant le jeûne (les disciples) et celui concernant le pardon des péchés (Jésus). Cela nous montre tout simplement que les disciples ont compris qu'avec la venue de Jésus s'instaurait une nouvelle manière d'interpréter la Loi et de la vivre. Finalement ils sont devenus en très peu de temps, au contact de Jésus, des outres neuves – des outres neuves capables d'accueillir le vin nouveau de l'Evangile. Spontanément ils ont commencé à imiter leur Maître et Seigneur. Etre disciple c'est imiter le Christ – l'imiter non pas selon la lettre mais en Esprit et en vérité.

Alors quel est l'intérêt du double conflit de l'évangile de ce dimanche pour nous aujourd'hui ? Je pense qu'une lecture profonde de cette Parole de Dieu nous amènera à comprendre ce qui est véritablement en jeu ici : il s'agit de la liberté chrétienne, c'est-à-dire celle du Christ et celle de ses disciples. Notre liberté...

Reprenons chacun des deux conflits pour nous en rendre compte plus précisément :
« Les pharisiens lui disaient : 'Regarde ce qu'ils font le jour du sabbat ! Cela n'est pas permis'. » Face à ce constat qui est déjà un jugement Notre Seigneur prend la défense de ses disciples et cela en deux temps. Premièrement il se réfère à un événement du passé et surtout à une figure illustre du peuple d'Israël : le roi David lui-même et ses compagnons. En toute logique si les pharisiens condamnent les disciples ils doivent aussi condamner le roi David ! Mais le second argument est encore plus intéressant : « Le sabbat a été fait pour l'homme, et non pas l'homme pour le sabbat ». Quand les pharisiens jugent les disciples en affirmant : « Cela n'est pas permis ! » ils se situent au niveau d'un règlement, d'une loi extérieure devant être

appliquée à la lettre. Pour Notre Seigneur ce qui est le plus important c'est la réalité même du sabbat, c'est-à-dire le fondement, la motivation de cette loi et pas la loi pour elle-même. Les pharisiens isolent la loi et en font ainsi un absolu. Jésus, lui, la comprend dans son contexte. C'est ce contexte qui nous est rappelé par la première lecture. L'institution du sabbat y est présentée comme une institution en faveur de l'homme, en particulier des hommes les plus faibles et les plus pauvres : « Ainsi comme toi-même, ton serviteur et ta servante se reposeront ». Célébrer le sabbat c'est aussi faire mémoire de la libération de l'esclavage en Egypte. L'interprétation des pharisiens inverse donc ce qui est au fondement même du sabbat. D'où le rappel de Jésus : « Le sabbat a été fait pour l'homme ».

Dans le récit de l'homme à la main paralysée les intentions perverses des ennemis du Christ sont dévoilées : « on pourrait ainsi l'accuser ». Connaissant ces intentions Jésus prend les devants en formulant la question suivante : « Est-il permis, le jour du sabbat, de faire du bien, ou de faire le mal ? de sauver une vie, ou de tuer ? » Avec humour Jésus reprend le même vocabulaire que celui des pharisiens : celui qui se situe sur le registre de ce qui est permis et de ce qui ne l'est pas. Mais il ne laisse pas ce vocabulaire dans l'abstraction du principe légal. Il le rend concret. Est-il permis de faire le bien ou de faire le mal ?... le jour du sabbat. Notre Seigneur espère ainsi ouvrir les yeux de ses contradicteurs. « Mais ils se taisaient ». C'est l'endurcissement des cœurs. Devant la simplicité de l'évidence et de la vérité ils préfèrent s'accrocher à une interprétation littérale de la Loi qui la vide du même coup de tout son sens. Et l'évangéliste saint Marc parle alors du regard de colère du Seigneur Jésus. C'est la colère de Dieu lorsque l'homme transforme une loi de libération en une contrainte purement légale. En libérant cet homme de son handicap Jésus accomplit de manière parfaite la loi du sabbat.

Pour conclure : saint Augustin a écrit un jour « aime et fais ce que tu veux ». L'amour authentique ne peut faire que le bien, il ne peut que sauver la vie. Le code de droit canonique qui régit la vie de l'Eglise témoigne de la priorité de l'amour et de l'homme sur toute loi. Ou pour le dire autrement l'esprit de toute loi dans l'Eglise doit être la charité évangélique. Voici comment se termine ce recueil de lois à l'usage de l'Eglise : « Les dispositions précédentes seront appliquées en observant l'équité canonique et sans perdre de vue le salut des âmes qui doit toujours être dans l'Eglise la loi suprême » (canon 1752).

Premier dimanche de Carême

Marc 1, 12-15

2012

Contrairement à Matthieu et à Luc l'évangéliste Marc ne développe pas l'épisode de la tentation de Jésus au désert. C'est cette tentation du Christ que l'Eglise nous invite à considérer au commencement du temps de Carême. Elle survient aussitôt après le baptême. Souvenons-nous de la signification du baptême de Jésus. Son baptême manifeste sa mission messianique et sa condition de Fils de Dieu : « Tu es mon Fils, le Bien-aimé, c'est en toi que je me complais ». C'est l'Esprit Saint qui pousse Jésus au désert et Matthieu précise que c'est pour y être tenté par le diable. Jésus avait déjà attendu 30 ans avant de se manifester, c'est sa vie cachée à Nazareth. Là il a vécu comme un homme parmi les hommes. Et voilà que l'Esprit lui suggère une longue retraite de 40 jours au désert, dans la solitude, avant de commencer sa prédication. C'est le temps pour lui de l'ultime préparation. Et cette préparation implique une épreuve, celle de la tentation par Satan. C'est une leçon pour notre vie chrétienne. Ce qui est important, décisif, essentiel dans nos choix de vie, exige le temps de l'attente et de la préparation ainsi qu'une mise à l'épreuve de notre cœur. La deuxième lecture nous rappelle qu'être baptisé c'est « s'engager envers Dieu avec une conscience droite ». Le Fils de Dieu parce qu'il est vraiment homme a réellement subi la tentation. Dans le Notre Père il nous a enseigné à prier Dieu, lui demandant de ne pas être soumis à la tentation. Ce qui veut dire : ne pas y succomber, garder en nous une conscience droite. Jésus n'est pas venu supprimer la tentation, il est venu la vivre avec nous et nous donner les moyens de la vaincre malgré notre faiblesse. Dans le jardin de Gethsémani, à l'autre bout de l'Evangile, il nous donnera le moyen de ne pas succomber à la tentation : « Veillez et priez pour ne pas être pris dans la tentation.

Car l'esprit est plein d'ardeur, mais la chair est faible ». Sans nous le dire Marc nous montre que le Messie est sorti vainqueur de cette longue épreuve : « il vivait parmi les bêtes sauvages, et les anges le servaient ». En restant fidèle à sa mission, il est le nouvel Adam, celui qui réconcilie dans sa personne toute la création divine. En se soumettant à la volonté de Dieu, il rétablit l'harmonie des relations entre les créatures. Luc indique que le diable reviendrait le tenter à nouveau au moment favorable. Il en est de même pour nous. Si avec la grâce de Dieu nous avons pu repousser certaines tentations soyons certains que, tant que nous sommes sur cette terre, nous aurons de nouvelles occasions de lutte spirituelle. Les Evangiles ne nous disent pas explicitement à quel moment Satan a tenté à nouveau le Christ. On peut penser à l'agonie car c'est le moment d'un choix décisif. Mais il est fort probable que ce soit sur la croix que Jésus ait dû subir les assauts de la tentation. Et cela par la voix de ceux qui se moquaient de lui et l'injuriaient : « Il en a sauvé d'autres, mais il ne se sauvera pas lui-même. Que le Messie, le roi d'Israël, descende maintenant de la croix : alors nous verrons et nous croirons ». Cette dernière tentation est la plus terrible de toutes. Car en tant que vrai Dieu Jésus avait en effet ce pouvoir de descendre de la croix, et par ce miracle impressionnant, d'imposer à ses adversaires le silence et le respect. C'est sur cette dernière tentation du Christ que l'écrivain grec Kazantzakis a beaucoup médité et réfléchi. Et c'est de son roman que s'est inspiré Scorsese pour le film du même nom sorti en 1988. Film dont la signification a échappé à certain chrétiens qui manifestaient devant les cinémas pour en exiger la censure. Kazantzakis imagine que sur la croix le diable suggère à Jésus de descendre de la croix pour mener une vie humaine tranquille et paisible avec femme et enfants. Nous le savons par expérience la tentation se situe souvent du côté de la solution la plus facile, la moins pénible. L'Evangile de ce dimanche nous présente le Carême comme un temps favorable pour nous poser honnêtement la question de notre fidélité à Dieu. Pas seulement dans les grands choix et au moment qui précédera notre mort, mais aussi dans notre manière de nous situer chaque jour en famille, en société, dans l'Eglise. Voulons-nous vraiment que l'Esprit Saint vienne nous donner un cœur nouveau ? Montrons-lui notre désir réel de progresser, dès maintenant, par de petits actes, d'humbles changements. Lui fera le reste et nous conduira à la joie de Pâques.

2ᵉᵐᵉ dimanche de Carême

Marc 9, 2-10
2012

Après le désert de la tentation saint Marc nous emmène sur la montagne de la transfiguration. Si l'épreuve au désert a été longue, 40 jours, l'évènement de la transfiguration a dû correspondre à un instant fugitif dans le temps. Pour bien comprendre la signification de cet évènement il faut le contempler en ayant en mémoire l'Ancien Testament. L'évangéliste nous présente en effet Jésus comme le nouveau Moïse. Si nous comparons ce que Moïse a vécu sur le mont Sinaï avec ce que Jésus a vécu sur la montagne de la transfiguration nous trouvons des points communs mais aussi des différences. Sur le Sinaï Moïse était seul face à Dieu. Ici Jésus prend avec lui trois apôtres, Pierre, Jacques et Jean, pour en faire des témoins privilégiés. Mais dans les deux cas la scène se passe sur une montagne. La mention de la nuée sur la montagne rappelle aussi l'Ancien Testament. Voici ce que Dieu avait dit à Moïse : « Je vais venir à toi dans l'épaisseur de la nuée, pour que le peuple entende quand je parlerai avec toi et qu'il ait confiance en toi aussi pour toujours ». En même temps il y a aussi une différence entre les deux récits car sur la montagne du Sinaï il y avait « des tonnerres, des éclairs et une épaisse nuée ». Ici les tonnerres et les éclairs ont disparu. La réaction de Pierre au merveilleux spectacle de la transfiguration est ambigüe : d'un côté il est comme ravi en extase, comblé d'une joie indicible et de l'autre rempli de frayeur. Lorsque Jésus laisse apparaître sa gloire divine, il ne le fait pas à la manière du Dieu qui se manifeste à Moïse. La preuve nous en est donnée par le simple fait que les apôtres peuvent contempler Jésus transfiguré sur la montagne sans mourir. Or dans le livre de l'Exode Dieu est très clair en insistant pour que seul Moïse monte sur la montagne à sa rencontre : « Celui qui touchera la montagne sera mis à mort !

Ne vous précipitez pas vers le Seigneur pour le voir, car beaucoup d'entre vous en mourraient ! Que les prêtres et le peuple ne cherchent pas à monter de force vers le Seigneur, car il les abattrait ». L'auteur de la lettre aux Hébreux a bien mis en valeur cette différence d'ambiance entre l'Ancienne et la Nouvelle Alliance : Quand vous êtes venus vers Dieu, il n'y avait rien de matériel comme au Sinaï, pas de feu qui brûle, pas d'obscurité, de ténèbres, ni d'ouragan, pas de son de trompettes, pas de paroles prononcées par cette voix que les fils d'Israël demandèrent à ne plus entendre. Car ils ne supportaient pas cette interdiction : Qui touchera la montagne, même si c'est un animal, sera lapidé. Le spectacle était si terrifiant que Moïse dit : Je suis terrifié et tremblant. Mais vous êtes venus êtes venus vers Jésus, le médiateur d'une Alliance nouvelle, et vers son sang répandu sur les hommes, son sang qui parle plus fort que celui d'Abel. A la terreur suscitée par la manifestation de Dieu au Sinaï succède la douceur de la contemplation de Jésus transfiguré. Si d'un côté la transfiguration nous rappelle en partie le don de la Loi sur le Sinaï, l'événement nous fait aussi penser à la manifestation de Dieu au prophète Elie sur le mont Horeb : La parole du Seigneur lui fut adressée : « Sors dans la montagne et tiens-toi devant le Seigneur, car il va passer. » A l'approche du Seigneur, il y eut un ouragan, si fort et si violent qu'il fendait les montagnes et brisait les rochers, mais le Seigneur n'était pas dans l'ouragan ; et après l'ouragan, il y eut un tremblement de terre, mais le Seigneur n'était pas dans le tremblement de terre ; et après ce tremblement de terre, un feu, mais le Seigneur n'était pas dans ce feu ; et après ce feu, le murmure d'une brise légère. Pierre en voyant le corps de Jésus dans sa gloire divine fait l'expérience qui fut celle d'Elie, et c'est pour cela qu'il peut dire : « Il est heureux, ou encore il est bon ou beau, que nous soyons ici ». Pierre voudrait bien que cette vision dure une éternité ! Il n'est donc pas étonnant qu'Elie, le représentant des prophètes, et Moïse, le représentant de la Loi, se manifestent aux côtés du Fils de Dieu. Cela signifie que la Loi et les Prophètes ont préparé et annoncé la venue du Sauveur. La transfiguration n'est pas seulement une douce manifestation de la gloire divine, elle est aussi la preuve que l'homme peut être associé à la vie même de Dieu. Si Elie et Moïse se manifestent, c'est bien parce qu'ils sont vivants en Dieu. Au témoignage d'Elie et de Moïse s'ajoute le témoignage de Dieu lui-même : « Celui-ci est mon Fils bien-aimé. Écoutez-le ». Puis la vision s'arrête et « ils ne virent plus que Jésus seul avec eux ». Cette courte vision annonçait la béatitude éternelle en Dieu, mais sur cette terre nous ne voyons pas, nous croyons. Et croire c'est écouter la Parole de Dieu. La Loi que Dieu nous donne n'est plus écrite sur des tables de pierre, cette Loi c'est Jésus, son Fils. En Lui nous pouvons goûter la douceur de la loi évangélique. Par Lui nous nous préparons à la communion parfaite avec Dieu.

3ème dimanche de Carême

Jean 2, 13-25

2012

Les partisans d'un christianisme « musclé » citent souvent l'épisode des marchands chassés du temple pour justifier leur prise de position. Dans les Evangiles il semblerait que ce soit l'unique épisode qui nous rapporte un acte du Seigneur marqué par une certaine violence et inspiré par une sainte colère. Jésus lui-même donne une double explication à son acte. S'adressant tout d'abord aux marchands il dit : « Ne faites pas de la maison de mon Père une maison de trafic ». D'autres traductions parlent de « maison de commerce ». Ce qui provoque la sainte colère du Seigneur c'est tout simplement une profanation du temple. La loi de Moïse prescrivait des sacrifices d'animaux. Nous sommes dans les jours qui précèdent la grande fête annuelle de Pâques. Donc les marchands et les changeurs devaient être particulièrement nombreux sous les portiques extérieurs du temple pour répondre à la demande des pèlerins affluant en masse à Jérusalem. Comme les monnaies païennes ne pouvaient pas servir dans le temple il fallait aussi des changeurs. Jésus ne semble pas remettre en question les sacrifices d'animaux mais l'organisation commerciale qui s'était créée dans l'enceinte de la maison de son Père. En 1517 lorsque le moine Martin Luther protestera contre la vente des indulgences au profit de la construction de la nouvelle basilique saint Pierre on retrouvera le même problème. Le rapport entre religion et argent n'est donc pas nouveau. Pour Jésus ces activités commerciales profanent la sainteté du lieu, d'où son geste. Le prophète Zacharie avait annoncé cette purification du temple : « En ce jour-là il n'y aura plus de marchands dans le temple du Seigneur Dieu ». Mais l'acte de Jésus va plus loin que cela, il a aussi un autre sens. Aux Juifs, choqués, qui lui demandent de s'expliquer, il répond : « Détruisez ce temple, et en trois jours, je le relèverai » ; et saint Jean de commenter : « Le temple dont il parlait, c'était son corps ».

En chassant du temple les commerçants Jésus fait un acte prophétique, un acte qui annonce quelque chose de nouveau, quelque chose à venir. La violence toute relative de l'acte annonce une violence extrême, celle de sa mort sur la croix. La purification du temple est en fait une annonce du mystère de Pâques, mort et résurrection, mystère qui passe par la violence et la souffrance pour engendrer la gloire de la vie divine dans le corps humain de Jésus de Nazareth. Le temple véritable c'est donc Jésus lui-même, Fils du Père. C'est aussi son Eglise et chacun d'entre nous puisque le baptême et la confirmation font de nous des sanctuaires de Dieu. Même si cela n'est pas dit de manière explicite ce geste annonce la fin du culte ancien et l'instauration du nouveau culte. Et de fait le culte selon la loi de Moïse s'arrêtera définitivement en 70 lorsque les romains détruiront le dernier temple, celui d'Hérode. Mais du point de vue spirituel, et pas seulement historique, le passage du culte ancien au culte nouveau se fait au moment précis où Jésus meurt sur la croix. Matthieu, Marc et Luc signalent en effet que le voile du sanctuaire se déchira en deux de haut en bas alors que Jésus offrait sa vie sur le Golgotha. Le Saint des Saints, la partie la plus sacrée du temple dans laquelle seul le prêtre pouvait pénétrer en certaines occasions, était protégé par un voile. Le Saint des Saints était le lieu de la présence divine. Ce lieu devient le corps du Christ mort et ressuscité. Dans et par le Christ nous avons accès à Dieu notre Père sans avoir à offrir des sacrifices. Quelques pages plus loin dans le même Evangile Jésus s'exprime plus clairement en prophétisant à la Samaritaine : « L'heure vient où vous adorerez le Père. Et alors ce ne sera pas sur cette montagne ou à Jérusalem... L'heure vient, et elle est déjà là, où les vrais adorateurs adoreront le Père en esprit et en vérité ». Nous devons comprendre que nos églises ne sont pas la reprise du temple de Jérusalem qui était unique. Dans notre foi chrétienne le plus important ce ne sont pas les bâtiments de pierre. Les églises-bâtiments n'ont de raison d'être que pour accueillir la prière des vrais adorateurs du Père. Ce qui est premier ce sont donc les baptisés. Nous sommes les pierres vivantes d'un édifice spirituel, le corps du Christ, l'Eglise de Dieu. La charité fraternelle au sein de la communauté est la condition du culte nouveau en esprit et en vérité.

4ème dimanche de Carême

Jean 3, 14-21

2006

L'antienne d'ouverture de cette messe est une invitation à la joie tirée du prophète Isaïe : « *Réjouissez-vous avec Jérusalem, exultez à cause d'elle, vous tous qui l'aimez !* » D'où le nom latin de « *Laetare* » donné à ce quatrième dimanche de Carême. A priori on pourrait penser que l'Evangile de ce dimanche est quelque peu en décalage avec cette invitation à la joie… Car Jésus dans son dialogue avec Nicodème y annonce les jours sombres de sa Passion et de sa mort : « *Ainsi faut-il que le Fils de l'homme soit élevé, afin que tout homme qui croit obtienne par lui la vie éternelle* ». Nous le constatons, le paradoxe n'est qu'apparent. C'est bien la croix glorieuse que Notre Seigneur annonce, la croix source de vie. Et comment ne pas penser ici à un autre passage du même Evangile, quelques chapitres plus loin ? « *Et moi, dès que j'aurai été élevé de terre, j'attirerai tout à moi*[1] ». Nous pouvons donc être dans la joie car nous contemplons en Jésus crucifié le Sauveur, celui qui nous donne la vraie vie.

Dans cet Evangile, Jésus nous annonce vraiment une Bonne Nouvelle, c'est que Dieu notre Père veut le salut de tous ses enfants : « *Car Dieu a envoyé son Fils dans le monde, non pas pour juger le monde, mais pour que, par lui, le monde soit sauvé* ». Que devons nous faire pour être sauvés, pour accueillir dans nos vies cette Bonne Nouvelle de l'Amour du Père ? Croire en Jésus ! Le verbe croire est utilisé à 5 reprises. C'est une insistance qui nous interpelle fortement dans notre chemin de Carême. D'autant plus que la deuxième lecture va dans le même sens : « *C'est bien par la grâce que vous êtes sauvés, à cause de votre foi* ». Etre chrétien, c'est vraiment mettre toute sa confiance en Jésus Sauveur, et s'abandonner entre les mains du Père. Croyons-nous vraiment que Dieu notre Père nous guide par sa providence vers notre bonheur éternel ? Et qu'Il le fait parce qu'Il n'est qu'Amour et Miséricorde ? Et cela malgré les apparences qui peuvent nous paraître contraires ? Nous rejoignons le mystère de la croix glorieuse. Pas seulement en théorie, mais dans nos vies marquées par l'échec, la déception et l'épreuve, la maladie… Mais alors ceux qui ne croient pas en Jésus seraient-ils damnés ? Que deviendrait alors la volonté universelle de salut qui est en Dieu notre Père ? Ecoutons attentivement l'Evangile : « *Celui qui ne veut pas croire est déjà jugé, parce qu'il n'a pas cru au nom du Fils unique de Dieu* ». Jésus ne dit pas : « celui qui ne croit pas en moi », mais bien « celui qui ne veut pas croire en moi ». La nuance est de taille… Cela signifie que certaines personnes, connaissant la Bonne Nouvelle du Christ, refusent sciemment et volontairement de

---

1 Jean 12, 32

l'accueillir et d'en vivre. C'est malheureusement une possibilité réelle, inséparable de la liberté humaine.

Cela peut nous paraître bien mystérieux. Comment peut-on préférer les ténèbres à la lumière ? Jésus nous donne une explication. Il y en a probablement beaucoup d'autres. *« Tout homme qui fait le mal déteste la lumière : il ne vient pas à la lumière, de peur que ses œuvres ne lui soient reprochées »*. Mettre sa foi dans le Christ c'est tout sauf une attitude intellectuelle ou théorique. Saint Jacques le dit clairement : la foi sans les œuvres est morte ! Celui qui connaît l'Evangile et qui refuse de l'accueillir agit ainsi pour éviter de remettre en question les orientations pratiques de sa propre vie. Car l'Evangile est toujours un appel à la conversion des mœurs.

Au contraire, *« celui qui agit selon la vérité vient à la lumière, afin que ses œuvres soient reconnues comme des œuvres de Dieu »*. Le texte grec est plus parlant : *« celui qui fait la vérité vient à la lumière »*. La vérité chrétienne est essentiellement pratique parce qu'elle est d'abord le rayonnement du Christ. C'est Lui la Vérité. Et c'est du sommet de la croix glorieuse que, paradoxalement, cette divine vérité attire à elle tous les hommes de bonne volonté. La foi et les œuvres se fécondent mutuellement.

Je laisse le mot de la fin au philosophe français Maurice Blondel, lui qui a si bien compris ce rapport dynamique entre foi et amour : *« Ce que l'homme ne peut comprendre totalement, il peut le faire pleinement, et c'est en le faisant qu'il entretiendra vivante en lui la conscience de cette réalité encore à demi obscure pour lui. […] La merveille de la vie chrétienne c'est que, des actes, d'abord peut-être pénibles, obscurs et contraints, on monte à la lumière par une vérification pratique des vérités spéculatives »*.

5ème dimanche de Carême

Jean 12, 20-33

2012

Avec le dernier dimanche de Carême nous commençons d'une manière plus directe notre préparation aux fêtes pascales. Il nous reste encore deux semaines pour bien profiter de ce temps de grâce qui nous est offert chaque année par la liturgie de l'Eglise. Les vacances scolaires vont arriver et avec elles des déplacements pour beaucoup d'entre vous. Comment faire pour ne pas oublier le Seigneur dans cette ultime période du Carême ? Vacances et rencontres familiales pourraient faire passer la célébration de Pâques bien après tous nos soucis d'organisation ou encore nos divertissements. Le désir de connaître le Seigneur, de l'aimer et de le servir doit sans cesse être renouvelé en nous. A ce titre le début de l'Evangile de ce dimanche est un bon encouragement à ne pas relâcher notre effort alors que la fête de Pâques se fait toute proche. Des Grecs, probablement des païens sympathisants du judaïsme, viennent vers Philippe et lui disent : « Nous voudrions voir Jésus ». Ces hommes ont compris que s'il y avait un Dieu il ne pouvait être qu'unique et c'est le monothéisme de la foi juive qui les a attirés à Jérusalem pour la grande fête de la Pâque. Leur demande nous rappelle une autre demande au début du même Evangile. Deux disciples de Jean le baptiste se mettent à suivre Jésus et lui posent la question suivante : « Maître, où demeures-tu ? » Notons dans notre Evangile l'importance de Philippe et ensuite d'André qui servent d'intermédiaires entre ces hommes venus de Grèce et Jésus.

C'est déjà le rôle de l'Eglise qui se met en place. Et donc notre rôle en tant que membres de l'Eglise. L'Eglise a comme vocation d'écouter les questions des hommes de notre temps, qu'ils soient chrétiens ou pas, et de conduire ces hommes en présence de Jésus. L'Eglise par sa vie et le témoignage qu'elle donne doit permettre aux hommes en recherche spirituelle de voir Jésus. Et nous aussi comme les apôtres Philippe et André nous sommes des intermédiaires si nous avons conscience de notre mission de baptisés. Je parlais de raviver notre désir de communion avec le Christ. Sommes-nous comme ces Grecs désireux de voir Jésus ? C'est-à-dire de mieux le connaître pour mieux l'aimer ? La réponse du Seigneur au désir des Grecs a de quoi nous surprendre. Il leur parle de son heure désormais toute proche, celle de sa Passion et de sa mort sur le bois de la Croix. Il leur parle donc de sa disparition, de la fin de son parcours terrestre. Mais aussi de sa résurrection et de la gloire divine qui est la sienne. Que faire pour voir ce Jésus qui semble jouer à cache-cache avec nous, insaisissable comme l'est celui qu'il ne cesse de nommer son Père ? La réponse est claire : « Si quelqu'un veut me servir, qu'il me suive ». On ne peut pas voir le Seigneur et encore moins le connaître et l'aimer si l'on n'est pas prêt à le suivre. La foi est toujours un chemin à prendre. Jésus lui-même se présente à nous comme ce

Chemin. L'acte de foi est enraciné dans notre passé, vécu aujourd'hui. Mais il ne serait plus un acte de foi authentique s'il ne nous projetait pas vers l'avenir. Ce qui signifie que notre vie de foi est toujours en construction. La foi n'est pas une réalité statique mais vivante et dynamique qui embrasse toutes les dimensions de notre temps humain. Suivre Jésus c'est obligatoirement vivre en communion avec lui le mystère de l'incarnation et celui de Pâques. « Grain de blé tombé en terre », « élevé de terre » sur le bois de la Croix, le Seigneur nous attire à sa suite pour rendre nos vies belles et fécondes. Le suivre c'est accepter de vivre de nombreuses petites morts et petites résurrections jusqu'au jour où nous passerons de notre vie terrestre dans la Pâque éternelle : « Là où je suis, là aussi sera mon serviteur ».

Dimanche des Rameaux et de la Passion

Marc 14,1-15,47

2012

Notre célébration du dimanche des Rameaux et de la Passion inaugure la semaine sainte, le moment liturgique le plus important de notre année chrétienne, moment qui aboutit à la solennité de Pâques. C'est au cours de cette grande semaine que nous écoutons à deux reprises, aujourd'hui et le vendredi saint, le récit de la Passion du Seigneur. Contrairement aux autres dimanches qui nous offrent de courts passages des Evangiles, le dimanche des Rameaux nous fait entendre le récit de la Passion dans son intégralité. Et cette année c'est saint Marc qui est notre guide. Dans ce récit il y a au centre la personne de Jésus qui va volontairement vers l'offrande de sa vie sur la croix et les différents acteurs de ce mystère. Marc nous rapporte un contraste étonnant entre les Juifs et les païens. Les autorités religieuses, à l'exception de Joseph d'Arimathie, veulent à tout prix la mort de Jésus. Cet homme n'est pour les grands prêtres qu'un blasphémateur. Pilate, lui, essaie de sauver Jésus en posant la question qui dérange : « Qu'a-t-il donc fait de mal ? », mais sa tentative est couverte par les cris de la foule manipulée par les prêtres. Et c'est un soldat de Pilate qui au pied de la croix confessera la vérité : Jésus n'est pas un blasphémateur, il est le Fils de Dieu ! Par sa mort en croix Jésus obtient immédiatement la conversion du premier païen, image des nombreuses nations qui formeront son Eglise. Jésus, quant à lui, parle très peu. De l'agonie à la croix Marc souligne que sa souffrance a été réelle et pas seulement physique, il a ressenti frayeur et angoisse : « Mon âme est triste à mourir ». Avec Matthieu il rapporte l'une des 7 paroles du Christ en croix : « Mon Dieu, mon Dieu, pourquoi m'as-tu abandonné ? », citation du psaume 21. La torture du corps du Christ atteint son âme et sa relation avec Dieu. Son cri n'exprime pas un doute mais l'immense détresse de son humanité. Dans cette interrogation Jésus assume la souffrance de tous les justes persécutés au cours de l'histoire avant et après lui. Il prend sur lui toute cette masse d'injustice pour l'offrir à Dieu qui, seul, peut lui donner un sens : « Heureux ceux qui ont faim et soif de la justice, ils seront rassasiés ».

Jeudi saint ; messe en mémoire de la Cène du Seigneur

Jean 13, 1-15
2007

« C'est un exemple que je vous ai donné afin que vous fassiez, vous aussi, comme j'ai fait pour vous. »
Certains gestes sont plus parlants que des paroles : c'est bien le cas du geste du **lavement des pieds** que Notre Seigneur fait en faveur de ses apôtres, le soir du jeudi saint, avant la fête de la Pâque. La liturgie du Jeudi saint nous fait commémorer en même temps l'institution de l'eucharistie et du sacerdoce.
Benoît XVI vient de nous rappeler que l'eucharistie est par excellence le sacrement de l'amour. Sa première encyclique allait à la source du christianisme : Dieu est Amour. Si Dieu est Amour, nous pouvons comprendre que l'eucharistie est la manifestation sacramentelle la plus inattendue et la plus bouleversante de cet amour divin, et cela pour chacun d'entre nous. L'amour aspire à la communion et il n'y a pas sur terre de communion plus p
arfaite entre Dieu et ses enfants que celle qui se réalise dans l'eucharistie.
En même temps nous savons bien qu'il n'y pas d'eucharistie sans le sacerdoce du Nouveau Testament. Lors de la dernière Cène, le Christ est l'unique grand prêtre. Il fait participer ses apôtres et leurs successeurs à son pouvoir sacerdotal. Sans évêques et sans prêtres, il ne peut y avoir de célébration eucharistique. De la même manière que l'eucharistie ne peut être comprise sans se référer à l'amour divin, de la même manière le pouvoir sacerdotal ne peut être compris sans se référer à la symbolique du lavement des pieds, à l'exemple que le Seigneur laisse à ses apôtres. Nous ne redirons jamais assez que le sacrement de l'ordre, et par conséquent la hiérarchie ecclésiastique, doit correspondre à un ministère, c'est-à-dire à un service. Les diacres le rappellent sans cesse par leur simple présence aux évêques et aux prêtres.
Il est dommage que la liturgie de ce Jeudi saint ne nous fasse pas entendre les deux versets qui suivent notre Evangile du lavement des pieds. Car, dans ces versets, Jésus lui-même nous livre ce qui doit être l'âme du sacerdoce catholique :
« En vérité, en vérité, je vous le dis : le serviteur n'est pas au-dessus de son seigneur, et l'envoyé n'est pas au-dessus de celui qui l'envoie. Si maintenant vous savez ces choses, heureux êtes-vous si vous les mettez en pratique ![2] *»*

La note propre au sacerdoce catholique est bien l'exercice d'un pouvoir spirituel au service du peuple de Dieu, dans un esprit d'humilité et d'amour. Les évêques et les prêtres ne sont pas supérieurs aux laïcs. Ils ont tout simplement une vocation différente dans l'Eglise, une fonction particulière dans le Corps du Christ. Ils doivent demeurer soumis en toutes choses, comme l'Eglise elle-même, à Dieu et à l'autorité

---
2 Jean 13, 16.17

de sa Parole vivante, le Christ. Si l'on honore les évêques et les prêtres, c'est parce qu'ils agissent dans la personne du Christ, *in persona Christi*.

Lors de la liturgie des Rameaux et de la Passion, nous avons entendu la proclamation de la Passion du Seigneur selon saint Luc. Un passage de cette Passion éclaire admirablement bien l'enseignement du lavement des pieds. Jésus vient de célébrer la première eucharistie, il a rendu participants de son unique sacerdoce les apôtres. Et à quoi pensent les Apôtres ? Ils veulent savoir lequel d'entre eux est le premier... La grandeur du mystère sacramentel s'est heurtée dès le début à la misère de notre condition humaine. Il est important de citer intégralement la réponse du Seigneur :

«Les rois des nations païennes se comportent avec elles en maîtres, et quand ils les écrasent, ils se font appeler bienfaiteurs. Ce ne sera pas pareil chez vous : le plus grand sera comme le dernier arrivé, et celui qui est à la tête, comme celui qui sert. Qui donc est le plus grand : celui qui est à table, ou celui qui sert ? Celui qui est à table, bien sûr ; pourtant je suis au milieu de vous comme celui qui sert.[3] *»*

Le rapport avec le lavement des pieds en saint Jean est évident. En parlant de l'eucharistie, j'ai dit que l'amour aspirait à la communion. En parlant du sacerdoce, je dirais que l'amour aspire aussi à l'imitation. L'exemple du lavement des pieds, même s'il s'adresse à tous les chrétiens, s'adresse d'abord aux apôtres, donc aux évêques et aux prêtres. Aux chrétiens d'Ephèse, Paul osait dire : « *Imitez Dieu puisque vous êtes ses enfants bien aimés. Que l'amour soit votre loi : voyez comme le Christ vous a aimés et s'est sacrifié pour nous*[4] ». En lavant les pieds de ses Apôtres, le Christ, avant de se donner en sacrifice pour notre salut, dit aux chefs de l'Eglise : « Soyez mes imitateurs ». Il y a d'ailleurs dans la liturgie de l'ordination des prêtres un écho de cette vérité. En remettant au nouveau prêtre la patène et le calice, l'évêque lui dit : « *Recevez l'offrande du peuple saint pour la présenter à Dieu. Prenez bien conscience de ce que vous ferez, vivez ce que vous accomplirez, et conformez-vous au mystère de la croix du Seigneur.* »

En ce jeudi saint, priez pour que de nombreuses vocations sacerdotales puissent germer et grandir parmi les jeunes de notre diocèse. Priez pour notre évêque, priez pour vos prêtres : que nous remplissions fidèlement notre ministère, dans un esprit d'amour et d'humilité.

---

3   Luc 22, 24-27

4   Ephésiens 5, 1.2

Vendredi saint, célébration de la Passion du Seigneur

Jean 18,1-19,42
2007

C'est toujours une très grande grâce pour nous chrétiens que d'écouter la proclamation de la Passion du Seigneur lors de l'office du Vendredi saint. Jean, le disciple que Jésus aimait, nous invite à contempler ce drame avec amour. Il met son génie d'écrivain inspiré au service de notre foi. Comment ne pas avoir le cœur transpercé après la proclamation de la Passion ? Quand nous pensons que Jésus a accepté tout cela par amour, dans l'obéissance à la volonté du Père, pour nous obtenir le pardon de nos péchés et la vie en abondance. La Passion nous remet toujours en même temps devant notre misère et devant la miséricorde de Dieu. Il n'est dès lors pas étonnant que ce passage clef de la Sainte Ecriture remplisse notre coeur de paix et de reconnaissance. Ce texte biblique est véritablement à mettre parmi les chefs d'œuvre de la littérature mondiale. Nous n'aurons jamais fini d'en découvrir toutes les merveilles. Nous n'aurons jamais fini de nous pénétrer de sa divine beauté. De ces pages inspirées sort en quelque sorte la figure du Serviteur souffrant donnant sa vie pour la multitude. La figure du plus beau des enfants de l'homme[5]. Certes il ne s'agit pas ici d'abord de la beauté physique, « car il était si défiguré qu'il ne ressemblait plus à un homme ; il n'avait plus l'aspect d'un fils d'Adam. » Oui, *la beauté de cette figure défigurée est une beauté intérieure*, celle du Fils de l'homme qui accomplit toutes choses, et surtout les Ecritures : « Tout est accompli ! » Oui, tout est accompli dans la perfection de l'Amour divin, alors qu'humainement parlant tout semble mort et voué à l'échec.

L'évangéliste Jean nous dépeint le drame qui est au centre de toute notre histoire humaine, le drame de Pâques. De ce simulacre de procès nous pourrions recueillir pour nous aujourd'hui bien des leçons. Je me limiterai ici à quelques aspects, laissant à l'Esprit Saint la liberté de vous faire découvrir toute l'ampleur et la grandeur de ce drame.
La Passion est pour le Christ l'occasion de dire le sens de sa mission, l'esprit dans lequel il a vécu les trois années de sa vie publique. *Devant le grand prêtre* il déclare : « *J'ai parlé au monde ouvertement. J'ai toujours enseigné dans les synagogues et dans le Temple, là où tous les Juifs se réunissent, et je n'ai jamais parlé en cachette.* » Jésus est à la fois enraciné dans son peuple et à la fois universel. « J'ai parlé au monde » : cette expression est déconcertante lorsque nous savons que, dans les faits, la prédication du Seigneur n'a touché que le peuple Juif et un petit bout de terre, la Palestine… Jésus est bien le Sauveur de tous, Serviteur pour les multitudes. Comme le dit la lettre aux Hébreux, « il est devenu, pour tous ceux qui lui obéissent la cause

---
5   Psaume 44, 3

du salut éternel. » Juifs et païens sont tous appelés à l'obéissance de la foi. Notre époque est marquée par le goût de l'ésotérisme, des choses cachées... Cf. Da Vinci Code ! Et certains chrétiens n'échappent pas à cette tentation : toujours friands de nouvelles révélations, de nouvelles apparitions, de secrets... Alors que la Parole de Dieu et l'Eglise nous donnent tout ce dont nous avons besoin pour vivre notre foi, pour vivre en enfants de Dieu ! Jésus, lui, a toujours parlé ouvertement. Sa doctrine ne contient pas de secrets qu'ils nous faudrait déchiffrer après de difficiles recherches. Sa doctrine n'est pas réservée à une élite d'initiés. Si le Seigneur doit rendre compte de sa doctrine devant le grand prêtre, *Pilate* le contraint à se révéler encore davantage. Quel est le sens de sa vie, le but de sa mission ? *« Je suis né, je suis venu dans le monde pour ceci : rendre témoignage à la vérité. Tout homme qui appartient à la vérité écoute ma voix. »* La doctrine de Jésus n'est pas une doctrine philosophique. Elle n'est même pas une doctrine religieuse dans le sens d'un enseignement. Jésus n'est pas venu pour enseigner. Il n'avait pas la vocation de professeur. Lui, la Parole de Dieu faite chair, il est venu pour rendre témoignage à la vérité. La racine grecque du verbe utilisé a donné en français le mot « martyr ». Oui, Notre Seigneur est davantage un témoin qu'un professeur. Et il affirme cela au moment même où il rend le suprême témoignage, celui de sa Passion et de sa mort.

En guise de conclusion et d'ouverture pour votre méditation personnelle, je voudrais attirer votre attention sur **les quatre « VOICI » de la Passion selon saint Jean**.
Les deux premiers sont dans la bouche de Pilate, un païen, s'adressant à la hiérarchie religieuse des Juifs : *« Voici l'homme »* et *« Voici votre roi »*. Chaque fois la proclamation de Pilate suscite des cris : « Crucifie-le ! A mort ! » Sans le savoir le procurateur romain était prophète, par sa bouche, c'était l'Esprit de Dieu qui, en fait, présentait Jésus aux chefs des prêtres et à la foule manipulée... Pilate a tout fait pour relâcher Jésus car il était parfaitement convaincu de son innocence. Mais sa lâcheté politique l'a emporté sur ses convictions personnelles.
Les deux derniers « Voici » sont dans la bouche même du Seigneur agonisant. Le premier s'adresse à sa mère : *« Femme, voici ton fils »*. Et le dernier s'adresse au disciple, c'est-à-dire à chacun de nous : *« Voici ta mère »*. Au langage de Pilate, général et s'adressant à une foule, fait place la parole de Jésus, concrète et s'adressant à des personnes.

Sainte Marie est à la fois la femme et la mère : Nouvelle Eve qui donne la vie et mère d'une humanité nouvelle recréée dans le sang du Christ, une humanité dans laquelle chaque personne humaine a du prix aux yeux de Dieu. Marie, au pied de la croix, est Notre-Dame de l'Alliance. *En la prenant chez nous* nous sommes plus que jamais fils du Père. Nous pouvons lui dire Notre Père et nous pouvons accueillir sa Parole : Tu es mon fils bien aimé.

Jour de Pâques 2012

Jean 20, 1-9

« Si le Christ n'a pas été relevé, vide alors est notre proclamation, vide aussi votre foi » : cette affirmation de l'apôtre Paul aux chrétiens de Corinthe nous montre que la résurrection du Seigneur est le fondement de toute notre foi et de notre vie dans le Christ. Pour préparer cette homélie j'ai relu dans les Evangiles tous les récits de Pâques. Si la résurrection est tellement importante pour nous, il est très intéressant de voir quel est le témoignage des Evangiles sur cet événement unique dans l'histoire de notre humanité. Il y a bien sûr des différences et des ressemblances entre les 4 Evangiles et l'on constate que Matthieu et Marc suivent une même tradition alors que Luc et Jean mettent l'accent sur d'autres aspects du mystère pascal. Un premier fait que nous risquons de passer sous silence est le suivant : aucun Evangile ne nous décrit le moment de la résurrection. Tous nous parlent de ce qui s'est passé *après* cet instant et pendant les 40 jours qui ont séparé Pâques de l'Ascension. L'événement en lui-même échappe donc aux yeux des hommes. Il reste enveloppé dans son caractère totalement transcendant, insaisissable pour nous. Par sa résurrection le Seigneur Jésus, nouvel Adam, inaugure une création nouvelle. De même qu'il n'y a eu, c'est évident, aucun témoin humain de l'instant où Dieu a commencé à créer l'univers et tout ce qu'il contient, de la même manière aucun témoin n'a vu Jésus sortir vivant du tombeau. Les saintes femmes, dont Marie de Magdala, sont les premières à se rendre au tombeau de bon matin le dimanche. Non pas parce qu'elles espèrent voir Jésus vivant…

Elles viennent pour achever la toilette funéraire du cadavre avec des aromates, elles viennent embaumer le corps dans un dernier acte de fidélité et d'amour envers leur Maître. Et quand Marie Madeleine découvre le tombeau ouvert et vide, son premier réflexe est de penser que l'on a enlevé le corps du Seigneur. Si le tombeau est vide les femmes y rencontrent des êtres que les Evangiles nomment tour à tour l'ange du Seigneur, un jeune homme, deux hommes. La résurrection du Seigneur se manifeste donc d'abord en négatif par le signe du tombeau vide, par une absence : celle du corps torturé de Jésus devenu cadavre dans l'obscurité de la mort. Ces personnages rencontrés dans la tombe rassurent les femmes : « Soyez sans crainte ». Ils sont les premiers à leur délivrer le message de Pâques : « Il n'est pas ici, il s'est relevé. Pourquoi cherchez-vous le Vivant parmi les morts ? » Si Jésus n'est plus ici, alors il faut changer de lieu pour le trouver : c'est en Galilée que les messagers envoient les femmes, « c'est là que vous le verrez », et auprès des disciples pour qu'elles leur annoncent la nouvelle. Les Evangiles soulignent que les disciples ont refusé de croire, ils étaient loin d'être des illuminés crédules. Et même après avoir vu Jésus ils demeuraient dans le doute… Saint Jean nous les montre retourner à leur travail de pêcheurs en Galilée comme si rien ne s'était passé ! Un seul fait exception : l'apôtre

Jean pour lequel la vision du tombeau vide suffit : « Il vit et il crut ». Après la découverte du tombeau vide le Seigneur ressuscité s'est manifesté à Marie Madeleine et aux apôtres ainsi qu'aux disciples d'Emmaüs. Dans la plupart des cas ils ne reconnaissent pas Jésus immédiatement : « leurs yeux étaient empêchés de le reconnaître ». Et Marie prend même le ressuscité pour un jardinier ! Jésus ressuscité est donc à la fois le même et à la fois autre dans son apparence physique. Etant glorifié dans son corps il a la possibilité de se montrer à ses disciples « sous une forme différente ». Il se manifeste dans la pièce où sont enfermés les disciples alors que les portes sont fermées et sans frapper à la porte ! En même temps il n'est pas un pur esprit et pour en convaincre ses disciples il mange un morceau de poisson grillé. Si le moment de la résurrection a échappé aux regards humains, on peut dire de la même manière que le Ressuscité échappe à ce qui est de l'ordre de la seule expérience humaine. Un corps glorifié ne peut rentrer dans les cases de notre analyse rationnelle et de notre perception habituelle. D'ailleurs lorsque Marie Madeleine se saisit du corps ressuscité de son Seigneur pour lui signifier tout son attachement il lui répond : « Cesse de me toucher ».

Et lorsque les disciples d'Emmaüs reconnaissent enfin la présence de Jésus au moment où il rompt le pain, il disparaît de devant eux. Jésus ressuscité se manifeste librement pour susciter la foi de ses disciples mais il refuse de se laisser posséder par eux. Jésus ressuscité, vrai Dieu et vrai homme, est transcendant, donc insaisissable. Les récits de Pâques nous montrent clairement pourquoi il se manifeste aux disciples : pour les envoyer en mission dans le monde entier : Allez ! Et à Pierre il répète : Suis-moi ! C'est en étant témoins de Jésus mort et ressuscité qu'ils le rencontreront dans leur vie. Jésus leur donne sa paix et son Esprit. Il se manifeste à eux non pas pour leur donner une présence sensible et permanente mais pour susciter leur foi : « Heureux ceux qui croient sans voir ». Parce qu'il est le Fils de Dieu Jésus Ressuscité est toujours à la fois présent et absent, ici et ailleurs. La foi ne nous permet pas de mettre la main sur lui mais nous invite à le rencontrer dans la Galilée de nos vies, là où il nous précède toujours. A la fin de l'Evangile selon saint Matthieu il nous fait cette merveilleuse promesse : « Moi, je suis avec vous tous les jours jusqu'à la fin du monde ».

2ᵉᵐᵉ dimanche de Pâques

Jean 20, 19-31

2012

L'Evangile du deuxième dimanche de Pâques nous fait revivre l'expérience des disciples enfermés par peur des Juifs, le soir du dimanche de la résurrection, à Jérusalem. Jésus ressuscité se manifeste à eux en se tenant « au milieu d'eux ». Son corps glorifié porte les marques de la Passion. C'est donc bien le même Jésus qu'ils ont connu, suivi et aimé avant le drame de la croix. En même temps Jésus ressuscité n'a plus le même rapport à l'espace. Pour se tenir au milieu d'eux il ne passe pas par la porte, il n'a pas besoin de frapper à la porte pour qu'on lui ouvre. Les apôtres ont le privilège de vivre à l'avance la Pentecôte avec le don de l'Esprit. Alors qu'ils sont enfermés et paralysés par la peur, Jésus les envoie en mission. Il leur demande de sortir de cette pièce pour prêcher la bonne nouvelle de la résurrection et de la miséricorde de Dieu accordée aux hommes pécheurs. Pour cela ils doivent accueillir en eux le don de la paix et celui de l'Esprit. Jean note qu'ils furent « remplis de joie en voyant le Seigneur ». La suite du récit, huit jours plus tard, va nous permettre de réfléchir au fait de « voir » en rapport avec notre acte de foi. Thomas était absent au moment de cette manifestation du Seigneur. Cet apôtre illustre l'incrédulité, le besoin de voir, de vérifier par soi-même ce que les autres lui ont annoncé. S'il est une réalité qui se fait de plus en plus rare dans nos pays dits développés c'est bien la foi dans le Christ mort et ressuscité.

Et pourtant nos contemporains sont probablement plus crédules que nos ancêtres. La foi et la crédulité sont deux attitudes bien différentes. Beaucoup de nos contemporains croient sans discuter ce que les media disent. Ce n'est qu'un exemple de leur crédulité. Bien souvent « la vérité » présentée par les media, surtout s'il s'agit de questions importantes pour la société, est une vérité arrangée, présentée sous un angle particulier, une vérité plus proche de la manipulation que de l'information. Plus grave encore ces nouvelles nous parlent bien plus souvent de faits divers et secondaires que des questions essentielles, celles qui gênent car elles remettraient en question le fonctionnement de notre société. Thomas, lui, ne veut pas croire au témoignage de ses frères sur un sujet essentiel : le Christ est ressuscité d'entre les morts ! Une annonce que l'on ne peut pas recevoir comme une information parmi tant d'autres : la bonne nouvelle de la résurrection nous oblige à prendre position de manière personnelle par rapport à l'enseignement de Jésus et à changer de vie. C'est peut-être pour cette raison que nos contemporains croient davantage aux nouvelles médiatiques qu'à la bonne nouvelle ! Grâce à l'absence de Thomas et à son incrédulité nous savons que nous sommes heureux de croire en Jésus sans l'avoir vu ressuscité. Il était absolument nécessaire que les saintes femmes et les apôtres voient le Christ vivant. Il fallait en effet fonder la foi de l'Eglise non pas sur la crédulité mais sur le témoignage solide des premiers disciples. C'est pour cette raison qu'entre le dimanche de Pâques et l'Ascension Jésus s'est manifesté à ceux qu'il avait choisis pour être les porteurs de la bonne nouvelle au monde. La première génération chrétienne a donc été celle des témoins directs, la génération apostolique. Depuis nous ne percevons plus la présence du Christ vivant au milieu de nous par la vision. Nous vivons sous le régime de la foi et de la grâce du don de l'Esprit Saint. Nous faisons tout autant que les premiers chrétiens l'expérience de la paix et de la joie de Pâques. Cette présence du ressuscité nous est donnée plus particulièrement dans les sacrements et surtout dans l'eucharistie et le sacrement du pardon, mais aussi dans la prière personnelle. Le Christ Vivant est au milieu de nous dans tous les aspects de notre vie humaine et pas seulement lorsque nous prions. Pour percevoir sa présence et en vivre nous avons bien sûr l'aide de l'Esprit Saint. Mais il est aussi essentiel de bien utiliser notre liberté pour nous mettre dans les dispositions les meilleures. Puisque la vue ne nous est d'aucune utilité dans ce domaine, c'est au niveau de notre intériorité, de notre cœur, que nous pouvons nous ouvrir toujours davantage à la venue du Seigneur. « Heureux ceux qui ont un cœur de pauvre, le Royaume des cieux est à eux ». Au plus nous agissons selon la vérité et la justice, au plus la présence du Seigneur nous sera donnée.

3ème dimanche de Pâques

Luc 24, 35-48

2012

Chez saint Luc le récit de l'apparition du Ressuscité aux disciples insiste sur le réalisme de la résurrection. Cet événement inconcevable et unique dans l'histoire de notre humanité n'a pas fait de l'homme Jésus un fantôme ou encore un pur esprit. Jésus n'est pas devenu un ange. Dans la Sainte Trinité le Père et l'Esprit sont des personnes purement spirituelles. Depuis Noël le Fils, la Parole de Dieu, s'est uni pour toujours à notre humanité. La glorification de Pâques n'enlève pas au Fils sa dimension corporelle. Celui qui est assis à la droite du Père ne s'est pas déshumanisé après sa résurrection. Au contraire il a glorifié et divinisé notre humanité. Le Fils de Dieu reste donc uni dans sa personne à notre humanité. Il demeure vrai Dieu et vrai homme. Celui qui se manifeste à ses apôtres est bien le même que celui qui est né de la Vierge Marie, a souffert sa Passion et a été crucifié : « C'est bien moi ! » Dans ce récit pascal Jésus insiste sur l'accomplissement des Ecritures. Il se fait le catéchète de ses disciples en leur ouvrant l'esprit à l'intelligence des Écritures comme il l'avait déjà fait avec les disciples d'Emmaüs sur la route. Il fait appel à leur mémoire : « Rappelez-vous les paroles que je vous ai dites quand j'étais encore avec vous ». Ils doivent se rappeler et comprendre le sens de la première Alliance. Ils deviendront ensuite les témoins de ce que le Fils de Dieu a librement choisi de vivre pour entraîner à sa suite tous les hommes dans la gloire de la vie divine. Pour cela ils auront encore besoin de la force de l'Esprit de Pentecôte. Il est important pour nous de bien connaître la Bible et surtout les Evangiles. La lecture et la méditation des Evangiles est une source de grande paix spirituelle et de joie dans le Seigneur. L'un des buts principaux de la réforme liturgique de Vatican II a été de redonner la Parole de Dieu aux fidèles.

Les Pères du Concile ont vivement encouragé tous les catholiques, et pas seulement les prêtres et les religieux, à méditer les textes bibliques dans leur vie quotidienne. Si nous n'en avons pas encore l'habitude nous pourrions commencer par préparer à la maison les lectures de la messe du dimanche. Ensuite il est bon que chaque catholique ait chez lui ce que j'appellerais une Bible de travail, c'est-à-dire une Bible dans laquelle on peut écrire, souligner, surligner, annoter etc. Une Bible très personnelle dans laquelle je n'hésite pas à mettre en valeur telle ou telle parole de Dieu qui m'a touché ou interpellé pour ensuite la retrouver plus rapidement. Saint Luc utilise la même expression que saint Jean (c'était dimanche dernier) pour décrire la manifestation du Ressuscité à ses disciples : « Lui-même était là au milieu d'eux ». « Au milieu d'eux » : voilà donc ce qui caractérise la présence de Jésus Vivant dans son Eglise. Non pas « en face d'eux » ou « au dessus d'eux », mais bien « au milieu d'eux ». Jésus ressuscité est donc au milieu de nous, parmi nous. Cela nous rappelle ce qu'il avait dit dans le même Evangile : « Le Royaume de Dieu est au milieu de vous » et aussi dans l'Evangile selon saint Matthieu : « Dès que deux ou trois sont réunis en mon nom, je suis là au milieu d'eux ». Ces expressions peuvent se comprendre au moins de deux manières : Jésus ressuscité est présent en chacun de nous et dans la communauté Eglise. C'est l'occasion de nous remémorer l'une des significations essentielles de la communion eucharistique. Lorsqu'à la messe nous communions au corps du Christ nous devenons nous-mêmes le corps du Christ. Membres de la communauté Eglise nous sommes réellement chacun pour notre part les membres du corps glorieux de Jésus-Christ. Dans l'histoire de l'art chrétien, rares sont les architectes qui ont construit des églises sur un plan circulaire. La plupart de nos églises ont la forme d'un rectangle ou d'une croix latine. Et pourtant le plan circulaire ou la croix grecque a l'avantage de montrer dans l'architecture la vérité de la présence du Ressuscité au milieu de nous, au milieu de son Eglise. En toute logique l'autel ne devrait pas être au fond du bâtiment église mais bien en son centre. Chaque célébration de la messe est d'abord le rassemblement des fidèles autour de l'autel. Chaque messe renforce notre appartenance au corps du Christ. Chaque messe nous invite à nous réjouir de sa présence dans la communauté et dans le sanctuaire de notre cœur, là où nous offrons le sacrifice d'adoration et de louange.

4ème dimanche de Pâques

Journée mondiale des vocations

Jean 10, 11-18

2006

Chaque année le 4ème dimanche de Pâques nous invite à une réflexion sur les vocations dans notre Eglise et dans nos communautés paroissiales. Cette réflexion s'accompagne bien sûr de notre prière auprès du Seigneur pour qu'il envoie toujours des ouvriers pour sa moisson. Ce dimanche doit nous sensibiliser à la question des vocations. Et cela doit avoir des conséquences dans notre vie chrétienne tout au long de l'année liturgique, si bien que notre prière pour les vocations doit devenir une bonne habitude, bien au-delà de cette journée particulière.

Le 4ème dimanche de Pâques nous invite à méditer une partie du chapitre 10 de l'Evangile selon saint Jean. C'est dans ce chapitre que nous trouvons le discours de Jésus dans lequel il se révèle comme le Bon Pasteur. Cette image du Bon Pasteur, Jésus ne l'a pas inventé. Il la prend dans l'Ancien Testament. Et voilà qu'en sa personne elle trouve son accomplissement.

Ce que dit Jésus de lui-même à travers cette image nous aide à comprendre ce qu'est la vocation particulière des pasteurs dans l'Eglise. Qui sont les évêques et les prêtres ? La théologie nous dit qu'ils agissent et enseignent « *in persona Christi* », dans la personne du Christ. Représentants du Christ pour son Eglise et pour le monde, ils doivent être et devenir toujours davantage de vivantes images de l'unique Bon Pasteur.

Notre Seigneur insiste particulièrement sur un point en se présentant à nous comme le Bon Pasteur : à cinq reprises il affirme que le Bon Pasteur est celui qui donne sa vie pour ses brebis. Toute vocation authentique implique en effet un don de soi-même à Dieu et à l'Eglise. Mais la vocation du pasteur est encore plus précise : un évêque se donne à son diocèse, un curé se donne à ses paroisses. Ce don de soi s'oriente selon deux grands axes. Et ces axes nous montrent ce que doit être le ministère, le service, des pasteurs dans l'Eglise et dans le monde.

« *Je connais mes brebis, et mes brebis me connaissent, comme le Père me connaît, et que je connais le Père.* » On pourrait ainsi traduire cette formule en l'appliquant aux pasteurs de l'Eglise : « *Je connais mes paroissiens, et mes paroissiens me connaissent, comme le Christ me connaît, et que je connais le Christ.* » Le pasteur est d'abord une personne « connue du Christ », aimée par le Christ, appelée par le Christ à donner sa vie. Le pasteur doit vivre dans l'intimité avec le Christ, dans l'amour de son Maître et Seigneur. C'est pour cette raison que la vie spirituelle, vie de prière, de méditation de la Parole de Dieu, est primordiale dans l'existence des prêtres et des évêques. Le prêtre doit puiser à la source la charité pastorale, c'est-à-dire dans le cœur du Christ, unique Bon Pasteur. La charité pastorale suppose que le prêtre connaisse bien ses paroissiens et vice-versa. C'est un défi difficile à relever pour chacun d'entre nous. Il s'agit ici d'une connaissance d'amour qui fait que le don de notre vie s'incarne très concrètement dans les relations que nous pouvons avoir avec chacun, chacune d'entre vous. Cela demande de notre part une grande capacité d'écoute et beaucoup de disponibilité.

Mais attention ! N'oublions pas le second axe de la mission des pasteurs dans l'Eglise : « *J'ai encore d'autres brebis, qui ne sont pas de cette bergerie : celles-là aussi, il faut que je les conduise.* » Le prêtre ne doit pas limiter le don de sa vie aux seuls paroissiens. Le prêtre est toujours missionnaire, c'est-à-dire envoyé à tous. Il est membre de la hiérarchie de l'Eglise catholique et apostolique. Ce qui implique qu'il ne doit pas s'enfermer dans la bergerie de sa paroisse. Les pasteurs de l'Eglise doivent avoir le souci constant d'entretenir des relations avec les « brebis » qui sont à l'extérieur de la bergerie, celles qui sont éloignées de l'Eglise ou même indifférentes à la foi, voire hostiles. Nul n'est exclu de la charité pastorale du prêtre.

« *Il y aura un seul troupeau et un seul pasteur.* » Les évêques et les prêtres sont enfin au service de la communion dans l'Eglise et de l'unité de tout le genre humain. Notre ministère de pasteurs est un service de communion. Et l'autorité que nous avons reçue est au service de la communion et de l'unité.

Je terminerai en citant le grand pasteur que fut Bossuet. Car si les pasteurs doivent s'efforcer de ressembler toujours davantage au Christ, nous ne devons pas oublier que ce sont aussi les bonnes brebis qui font les bons pasteurs !

« *Ce sont les auditeurs fidèles qui font les prédicateurs évangéliques, parce que, les prédicateurs étant pour les auditeurs, les uns reçoivent d'en haut ce que méritent les autres. Aimez donc la vérité, Chrétiens, et elle vous sera annoncée ; ayez appétit de ce pain céleste, et il vous sera présenté ; souhaitez d'entendre parler Jésus-Christ, et il fera résonner sa voix jusqu'aux oreilles de votre cœur.* »

5ème dimanche de Pâques

Jean 15, 1-8

2012

Après l'image du bon berger Jésus utilise dans l'Evangile de ce dimanche celle de la vraie vigne. La parole de Dieu nous fait prendre conscience de notre vocation de chrétiens. En ce temps de Pâques c'est d'une manière renouvelée que nous pouvons prendre conscience de ce à quoi l'Evangile nous appelle : à porter beaucoup de fruit. Ou pour le dire autrement le signe d'une vie chrétienne authentique ce sont les fruits que nous donnons. Il ne s'agit pas bien sûr de rentabilité économique ! C'est en nous référant à saint Paul que nous pouvons saisir ce que sont ces fruits : Voici ce que produit l'Esprit : amour, joie, paix, patience, bonté, bienveillance, foi, humilité et maîtrise de soi. Nous ne sommes pas uniquement dans le domaine du faire ou encore dans la sphère de ce qui est visible. Notre foi dans le Christ est une force capable de nous transformer et capable de changer notre monde. Si nous ne sommes pas convaincus de cette vérité, il nous sera difficile de porter les fruits que Dieu attend de nous. Dans la deuxième lecture saint Jean vient à notre aide pour nous permettre de comprendre ce que veut dire « porter du fruit » : Mes enfants, nous devons aimer, non pas avec des paroles et des discours, mais par des actes et en vérité. L'amour de charité, nous l'avons vu, est le premier fruit de l'Esprit, donc le premier fruit de toute vie chrétienne authentique.

En ce jour d'élections pour la France comment ne pas voir dans l'enseignement de saint Jean une lumière jetée sur la crise de la fonction politique, pas seulement en France mais dans la plupart des pays du monde ? La différence essentielle entre un politicien et un véritable homme politique se tient justement là : c'est la différence entre les discours, les déclarations d'intention, les slogans faciles et les choix concrets qui débouchent sur des actes. La perte de confiance croissante des citoyens dans les hommes s'adonnant à la politique vient justement du fait qu'ils ne sont bien souvent que des politiciens sans aucun pouvoir réel ou pire sans aucune conviction personnelle et sans aucune volonté réelle de travailler efficacement au bien commun. Et s'il en était de même pour le christianisme ? L'une des raisons pour laquelle notre religion a perdu en partie son rayonnement et sa crédibilité, ne serait-ce pas l'inflation des discours, des déclarations d'un côté et le manque de cohérence de notre comportement, le manque de vérité de notre vie chrétienne de l'autre ? Chacun d'entre nous est responsable de la crédibilité du christianisme dans notre monde actuel. Porter du fruit c'est réellement être lumière du monde et sel de la terre. Porter du fruit c'est veiller à ce que nos paroles passent dans nos décisions, nos choix et nos actes. Pour pouvoir porter du fruit il faut être vrai. C'est la raison pour laquelle le Seigneur Jésus nous demande de demeurer en lui comme lui demeure en nous. C'est lui qui, par le don de son Esprit, nous donne de pouvoir porter du fruit. Si nous sommes vraiment unis au Christ Sauveur par le baptême et par la foi, nous ne pouvons pas nous contenter de proclamer des slogans. Même si ces slogans ont une apparence pieuse et chrétienne. Notre témoignage est à l'opposé de la propagande politicienne. Si nous méditons la parole de Dieu et en particulier les Evangiles et que nous en faisons notre règle de vie alors nous ne pourrons pas faire autrement que de donner du fruit. La parole de Dieu est tout le contraire d'un anesthésiant. Elle nous contraint à voir notre monde tel qu'il est avec ses progrès et ses lenteurs, parfois même ses régressions. Elle nous oblige à nous engager corps et âme pour le Royaume de Dieu et sa justice : Heureux ceux qui ont faim et soif de la justice : ils seront rassasiés ! Il est parfois plus facile de se boucher les yeux, de refuser de voir les causes des maux qui accablent des millions d'êtres humains sur notre planète. Si nous avons faim et soif de la justice, nous souffrirons probablement, mais nous ne tomberons pas dans le désespoir. Car nous sommes les sarments de la vraie vigne, nous sommes les membres de celui qui a dit : « Je suis le chemin, la vérité et la vie ». Ce désir de la justice de Dieu nous pousse à agir chacun pour notre part. Donner du fruit ce n'est pas forcément faire des actions extraordinaires mais c'est refuser de se résigner face au pouvoir du mal. C'est s'engager sans peur au nom de notre foi au Christ. Je terminerai en citant une légende amérindienne, celle du colibri :

Un jour il y eut un immense incendie de forêt. Tous les animaux terrifiés, atterrés, observaient impuissants le désastre. Seul le petit colibri s'activait, allant chercher quelques gouttes avec son bec pour les jeter sur le feu. Après un moment, le tatou, agacé par cette agitation dérisoire, lui dit : « Colibri ! Tu n'es pas fou ? Ce n'est pas avec ces gouttes d'eau que tu vas éteindre le feu ! » Et le colibri lui répondit : « Je le sais, mais je fais ma part. »

6ème dimanche de Pâques

Jean 15, 9-17

2006

En ce dimanche nous méditons la suite de l'Evangile selon saint Jean entendu dimanche dernier : la vigne et les sarments. Ce qui explique bien sûr la reprise de thèmes développés dans cette image. Cette reprise de la parabole de la vigne et des sarments est aussi un approfondissement, une insistance de la part de l'évangéliste.
Jésus insiste : nous devons porter des fruits.
« C'est moi qui vous ai choisis et établis afin que vous partiez, que vous donniez du fruit, et que votre fruit demeure. »
Les apôtres ne se sont pas faits par eux-mêmes les sarments de cette divine vigne qu'est le Christ. Ils ont été choisis et établis par le Christ. Il en va de même pour tout chrétien. Comment ne pas penser ici au merveilleux premier chapitre de la lettre de Paul aux Ephésiens ?
Dieu notre Père *« nous a choisis, dans le Christ, avant que le monde fut créé, pour être saints et sans péchés devant sa face grâce à son amour. Il nous a prédestinés à être, pour lui, des fils adoptifs, par Jésus, le Christ. »*
C'est vertigineux, nous avons peut-être du mal à y croire, mais c'est vrai : c'est la grande dignité, l'immense grâce de notre condition de disciples.
Avec l'Evangile de ce dimanche, Jésus franchit un pas supplémentaire. Nous sommes certes les sarments de la vigne appelés à donner du fruit. Mais nous sommes bien plus encore :
« Vous êtes mes amis si vous faites ce que je vous commande. Je ne vous appelle plus serviteurs ; maintenant je vous appelle mes amis. »

Amis du Christ ! Telle est notre vocation chrétienne à tous. Nous devenons amis du Seigneur par notre baptême. En même temps nous sommes appelés à le devenir toujours davantage. Nous n'aurons pas assez de toute notre vie pour réaliser la grandeur de notre condition et de notre vocation. Et comment devenons-nous davantage les amis du Seigneur ? En agissant selon son commandement.
Notons au passage comment le Christ nous révèle indirectement sa divinité. Dieu avait donné au peuple les dix commandements. Avant sa Passion, Jésus ne dit pas à ses apôtres : observez les commandements de Dieu... Mais bien : *« Ce que JE vous commande, c'est de vous aimer les uns les autres. »* Il se met en quelque sorte à la place de Dieu pour nous donner son commandement, le nouveau commandement de l'amour, de la charité fraternelle.
Il n'y a donc pas de véritable amitié avec le Christ, pas de vie spirituelle authentique sans la mise en pratique du commandement de la charité fraternelle. Le plus surprenant peut-être c'est que le Seigneur associe la joie, notre joie, à l'observance de ce commandement :

« Je vous ai dit cela pour que ma joie soit en vous, et que vous soyez comblés de joie. »

Bien trop souvent nous associons au « commandement » une connotation négative proche du fardeau ou de l'épreuve. Ce mot de « commandement » évoque davantage dans nos esprits un devoir difficile, voire impossible, que la condition de notre joie d'amis du Seigneur. C'est le signe que nous ne sommes pas encore évangélisés en profondeur. Nous n'avons toujours pas compris de manière intérieure l'enseignement de Jean sur ce point :

« L'amour de Dieu consiste à observer ses commandements, et ses commandements ne sont pas pesants. En effet, tout ce qui est né de Dieu a la victoire sur le monde : cette victoire remportée sur le monde, c'est notre foi. Qui donc est vainqueur du monde, sinon celui qui croit que Jésus est le Fils de Dieu ? »[6]

C'est donc par notre foi en Jésus que nous avons accès au monde de la résurrection. Dans ce monde-là, opposé au monde domaine du péché, le commandement de l'amour n'est pas un fardeau, mais une grâce, source de joie intarissable. La charité fraternelle est notre vocation, un défi à relever jour après jour pour être victorieux du monde avec le Christ notre Pâque.

Nous voulons savoir si nous sommes les amis du Seigneur ? Eprouvons-nous et regardons si dans notre cœur règne le fruit de l'Esprit : Amour, joie et paix.

---

6   1 Jean 5, 3-5

Ascension du Seigneur

Marc 16, 15-20
2012

Le mystère de l'Ascension du Seigneur marque une étape décisive dans la vie des premiers disciples. L'Ecriture utilise nos pauvres mots humains (Jésus fut enlevé au ciel, il siège à la droite du Père) pour exprimer un nouveau commencement dans l'histoire de notre salut et de notre relation avec Dieu. En effet à partir de l'Ascension le Fils de Dieu n'est plus visible à nos yeux de chair. Déjà pendant le temps de sa présence au milieu de nous la foi était nécessaire pour reconnaître dans l'homme Jésus de Nazareth l'envoyé du Père. Après l'Ascension c'est uniquement par la foi que les hommes peuvent entrer en relation avec leur Sauveur. Ce mystère ne marque pas la fin de l'incarnation puisque Jésus ressuscité demeure vrai homme dans la gloire de la Trinité. Fêter l'Ascension c'est se rappeler avec joie que désormais notre humanité est pour toujours unie à Dieu dans la personne de Jésus. Le Seigneur avait annoncé à ses disciples que son départ était nécessaire pour que l'Esprit Saint puisse être donné. Les mystères de la vie du Seigneur ne se séparent pas : dans le temps pascal Pâques, Ascension et Pentecôte sont des célébrations qui se renvoient les unes aux autres. Avec la Pentecôte et le don de l'Esprit Saint, don qui marque la naissance de l'Eglise, la présence de Jésus Ressuscité nous devient intérieure. Nous ne le connaissons plus à la manière des premiers disciples en le voyant et en le fréquentant comme une personne humaine. Mais l'Esprit Saint nous permet de reconnaître en nous, dans la communauté et dans les sacrements la présence vivante et agissante de celui qui siège à la droite du Père. L'Ascension et la Pentecôte consacrent le temps de l'Eglise comme le temps de la foi. Et nul ne peut croire en Jésus Sauveur sans le don de l'Esprit.

Dans la première lecture saint Luc nous rapporte que pendant 40 jours, les jours qui se sont écoulés entre Pâques et l'Ascension, Jésus a parlé du Royaume de Dieu à ses disciples. Il a donc repris et approfondi avec eux un thème de sa toute première prédication. Malgré un enseignement tant de fois répété, Luc constate que les disciples ne se sont toujours pas convertis à la réalité du Royaume de Dieu présent au milieu d'eux : « Seigneur, est-ce maintenant que tu vas rétablir la royauté en Israël ? » Lui leur parle du Royaume de Dieu, un royaume de l'esprit, et eux en sont toujours à rêver d'un roi en Israël, donc d'un royaume terrestre. Au lieu de les reprendre sévèrement à cause de leur manque de spiritualité, Jésus leur annonce le don du Saint Esprit. Ils en auront bien besoin pour renoncer définitivement à une vision politique du Royaume de Dieu et pour comprendre que ce Royaume est celui de la charité, donc de l'amour divin répandu et communiqué à notre humanité pour qu'elle parle « un langage nouveau ». Au moment du départ de Jésus, ce moment où il devient pour toujours invisible à nos yeux, « deux hommes en vêtements blancs » interpellent les apôtres : « Pourquoi restez-vous là à regarder vers le ciel ? Jésus, qui a été enlevé du milieu de vous, reviendra de la même manière que vous l'avez vu s'en aller vers le ciel. » Cela rappelle la situation décrite par le même saint Luc à l'aube du jour de Pâques. Les saintes femmes se sont rendues au tombeau et rencontrent deux hommes vêtus de blanc qui leur adressent la parole : « Pourquoi cherchez-vous le Vivant parmi les morts ? Il n'est pas ici, il est ressuscité. » Ces deux interrogations nous remettent devant notre faiblesse humaine. Confrontés au mystère de Dieu nous sommes toujours en décalage, en retard dans notre manière de le percevoir et de l'interpréter. C'est l'Esprit de vérité qui nous guidera dans la vérité tout entière. La vie de foi, donc la vie de l'Eglise, est un chemin en perpétuel progrès jusqu'au retour du Christ dans la gloire. Ce n'est pas en regardant le tombeau vide ou en fixant le ciel, attachés à un passé qui n'est plus, que nous saisirons la vérité du mystère chrétien. Cette vérité nous précède et nous devance. Saint Paul nous le dit clairement dans la deuxième lecture : tant que nous cheminons ici-bas notre connaissance du Seigneur est marquée par l'imperfection : « Au terme, nous parviendrons tous ensemble à l'unité dans la foi et la vraie connaissance du Fils de Dieu, à l'état de l'Homme parfait, à la plénitude de la stature du Christ. » Fêter l'Ascension, c'est avoir l'humilité de reconnaître que nous ne possédons pas la vérité. C'est espérer être transfigurés « au terme » par notre rencontre avec le Ressuscité.

7ème dimanche de Pâques

Jean 17, 11-19

2012

Jeudi dernier l'Eglise célébrait le mystère de l'Ascension du Seigneur. L'Ascension est un départ, une séparation physique, un changement dans la relation entre les disciples et leur Seigneur. Jésus glorifié, assis à la droite du Père, n'abandonne ni son humanité ni notre humanité. Entre l'Ascension et la Pentecôte l'Eglise offre à notre méditation un passage du chapitre 17 de saint Jean. Là aussi il d'agit d'un départ, d'une séparation physique d'avec les disciples. C'est le départ de Jésus vers son Père en passant par la mort. Pour les préparer à cette épreuve il leur a parlé longuement dans son discours d'adieux. Maintenant il se tourne vers son Père dans la prière. Il agit comme un prêtre, avant d'offrir le sacrifice de sa vie, puisque dans sa prière il prie pour ses disciples et pour tous les chrétiens de tous les temps. Dans cette prière d'intercession Jésus demande pour nous les biens suivants : la fidélité, l'unité, être préservés du Mauvais, être consacrés par la vérité. Jésus qui se consacre lui-même en acceptant l'offrande de sa vie prie pour que les chrétiens soient un peuple consacré, un peuple de prêtres. C'est-à-dire un peuple capable de l'imiter lui le seul grand prêtre. Saint Paul et saint Pierre ont enseigné aux premiers chrétiens comment vivre cette consécration dans la vérité. Saint Paul écrit aux Romains : Je vous exhorte, mes frères, par la tendresse de Dieu, à lui offrir votre personne et votre vie en sacrifice saint, capable de plaire à Dieu : c'est là pour vous l'adoration véritable. Ne prenez pas pour modèle le monde présent, mais transformez-vous en renouvelant votre façon de penser pour savoir reconnaître quelle est la volonté de Dieu : ce qui est bon, ce qui est capable de lui plaire, ce qui est parfait. Quant à saint Pierre il rappelle que le peuple de Dieu est un peuple sacerdotal : Vous aussi, soyez les pierres vivantes qui servent à construire le Temple spirituel, et vous serez le sacerdoce saint, présentant des offrandes spirituelles que Dieu pourra accepter à cause du Christ Jésus. La vérité qui nous consacre c'est la parole du Père, donc Jésus son Fils. Mais l'on peut aussi penser à la venue du Saint Esprit.

C'est Lui, le lien d'amour entre le Père et le Fils, qui nous consacre dans le baptême et la confirmation pour que nous devenions les membres du peuple de Dieu. L'unité que Jésus demande à son Père pour nous est une unité spirituelle : Qu'ils soient un, comme nous-mêmes. Ce n'est pas d'abord une unité institutionnelle ou d'organisation. Il existe d'autres communautés chrétiennes en dehors de l'Eglise catholique, souvent à cause de raisons historiques. Mais tout chrétien qui se laisse conduire par l'Esprit et qui fait de sa vie un sacrifice spirituel vit en profonde communion, au niveau divin, avec les autres chrétiens qui agissent selon le même Esprit. Et tout homme de bonne volonté qui agit en conformité avec le commandement de l'amour peut vivre une authentique communion avec Dieu même s'il n'est pas baptisé. Dans sa prière au Père le Seigneur Jésus demande que nous vivions en vérité notre insertion dans ce monde. Il y a une tension inévitable dans notre condition chrétienne car nous ne sommes pas du monde, consacrés par la vérité, et en même temps nous sommes envoyés dans ce monde. Si les chrétiens sont un peuple de prêtres, peuple consacré par l'Esprit, ils ne doivent pas fuir le monde. Puisque c'est précisément par eux que le monde doit être offert à Dieu. C'est par eux que la création doit être sanctifiée. C'est en eux que la parole de l'Evangile doit devenir réalité pour les hommes de tous les temps et de tous les lieux. Dans son discours de clôture du Concile Vatican II le pape Paul VI affirmait l'humanisme chrétien : « Nous aussi, nous plus que quiconque, nous avons le culte de l'homme ». Pour l'Eglise en effet l'adoration due à Dieu et le « culte de l'homme », image de Dieu, sont des réalités inséparables. Le chrétien est vigilant, il doit se garder du Mauvais. Le chrétien est lucide : il sait qu'en ce monde se livre un terrible combat entre la vérité et l'erreur, entre la justice et l'injustice, entre l'amour et la haine. Ce combat ne lui est d'ailleurs pas extérieur puisqu'il se reconnaît pécheur, donc atteint par le mal. Mais parce que le chrétien confesse l'incarnation de la Parole de Dieu il ne peut pas devenir misanthrope. Son espérance le maintient malgré tout dans « le culte de l'homme » car il s'appuie sur la parole de Jésus : Dans le monde, vous trouverez la détresse, mais ayez confiance : moi, je suis vainqueur du monde. En union avec le prêtre qui offre le pain et le vin le baptisé est fidèle à sa noble mission selon les paroles de saint Paul : Tout ce que vous dites, tout ce que vous faites, que ce soit toujours au nom du Seigneur Jésus Christ, en offrant par lui votre action de grâce à Dieu le Père.

Pentecôte

Galates 5, 16-25
2006

L'événement de Pentecôte marque l'accomplissement du mystère pascal. Avec le don de l'Esprit à la première Eglise, la révélation de Dieu atteint son sommet. Dans le cénacle de Pentecôte s'accomplit pour ainsi dire l'une des dernières paroles du Christ en croix : *« Père, entre tes mains je remets mon esprit. Ayant dit cela, il rendit le dernier soupir.*[7] *»* Nous comprenons alors pourquoi la solennité de ce dimanche est à la fois le terme et le couronnement du temps pascal.

La deuxième lecture situe de manière très concrète ce don de l'Esprit dans nos vies aujourd'hui. Ce passage de la lettre de l'apôtre Paul aux Galates est d'une richesse inépuisable pour notre vie spirituelle.

Qu'est-ce que la vie spirituelle pour un chrétien ? C'est se laisser conduire par l'Esprit de Pentecôte, c'est se laisser guider par l'Esprit de notre baptême et de notre confirmation.

Nous sommes les temples de l'Esprit Saint. Cela ne nous dispense pas pour autant du combat spirituel auquel la deuxième lecture fait allusion. *« Car les tendances de la chair s'opposent à l'esprit, et les tendances de l'esprit s'opposent à la chair. »* Fondamentalement les tendances de la chair sont « égoïstes ». Ce qui signifie que le vieil homme, l'homme marqué par le péché originel et par ses propres péchés, n'est pas spontanément tourné vers Dieu et vers son prochain. Nous ne sommes pas naturellement dans l'amour. Nous savons par expérience que si nous nous laissons guider par nos instincts, alors nous devenons de plus en plus égoïstes. Que me dit mon instinct naturel ? Passe le premier, prends la première place, choisis pour toi ce qui est le meilleur, n'hésite pas à te venger si c'est nécessaire, n'hésite pas à humilier l'autre pour te grandir, n'hésite pas à faire souffrir ton prochain s'il te gêne par son attitude ou ses paroles etc. L'instinct naturel, celui que nous héritons du péché originel, est d'essence satanique. Il est troublant de voir de quelle manière les media peuvent mettre en avant des « adolescents sataniques » profanant des cimetières ou incendiant des chapelles, tout en oubliant que les soi-disant *valeurs* de nos sociétés européennes (compétitivité, rentabilité etc.) penchent davantage du côté de la chair que du côté de l'esprit. Il est facile de dénoncer les dérives adolescentes. Il est beaucoup plus exigeant de relever le côté satanique des valeurs prônées par bien des adultes dans le monde économique ou politique. Pour revenir plus directement à la deuxième lecture, Paul n'y va pas par 4 chemins : il nous parle d'*un affrontement qui nous empêche de faire ce que nous voudrions*. Et l'apôtre sait de quoi il parle. Il a vécu dans sa chair le pouvoir des tendances égoïstes de la chair. En témoignent ces

---
7 Luc 23, 46

versets désormais célèbres de la lettre aux Romains : « *Je ne fais pas le bien que je voudrais et je fais le mal que je ne voudrais pas.*[8] ». Alors comment nous sortir de cette impasse ? En nous laissant sauver par le Christ, en nous laissant sanctifier par l'Esprit. Seule la grâce surnaturelle, la grâce de Dieu, peut nous permettre de ne pas obéir aux tendances égoïstes de la chair. Sans l'Esprit de Dieu nous ne pouvons pas vivre dans la charité authentique qui est cette ouverture de soi à Dieu et aux autres.

Paul parle des œuvres de la chair au pluriel alors qu'il utilise le singulier pour l'Esprit : le fruit de l'Esprit. Et pourtant nous avons deux listes qui se succèdent, l'une de vices, l'autre de vertus. La chair nous éclate littéralement. C'est un peu le divertissement pascalien qui nous porte toujours à l'extérieur de nous-mêmes et vers le bas... Elle nous éloigne du bonheur. Comparable à un mirage, la chair nous fait miroiter le bonheur tout en nous empêchant de l'atteindre. Alors que l'Esprit nous unifie intérieurement. L'homme nouveau, recréé dans le Christ, sanctifié par l'Esprit, jouit d'une joie intérieure que nul ne peut lui ravir[9].

Paul décompose l'unique fruit de l'Esprit en 9 vertus. L'énumération est brève par rapport aux 15 vices « et autres choses du même genre »... Parmi les 9 vertus, 3 viennent en premier :

AMOUR, JOIE et PAIX.

Nous avons là un critère sûr pour savoir si nous nous laissons vraiment conduire par l'Esprit. C'est au niveau surnaturel, celui de l'Esprit, que nous devons *discerner les mouvements de notre âme*. Ce qui signifie, par exemple, que nous pouvons être tristes selon la nature, mais joyeux selon l'Esprit, dans l'intériorité. Lorsque nous constatons que l'amour, la joie et la paix ne règnent pas dans nos cœurs, alors c'est le signe que nous avons été infidèles à l'Esprit du Seigneur. Chaque jour, en nous levant, nous avons à choisir à nouveau le camp de Dieu. Nous devons décider avec toute la force de notre âme de vivre sous la conduite de l'Esprit. Car *c'est là que se trouve notre bonheur, celui des autres et celui de Dieu* ! Non pas que la béatitude divine dépende de nous. Mais dans le sens où Dieu se réjouit grandement de nous voir prendre le chemin de la vraie vie.

---

8 Romains 7, 19

9 Jean 16, 22

La Sainte Trinité

Matthieu 28, 16-20
2012

Le mystère de la Sainte Trinité est au centre de la foi et de la vie chrétienne. C'est un mystère fondamental. Ce qui permet de dire d'une personne qu'elle est chrétienne, c'est qu'elle croit en Dieu Trinité. Tous les chrétiens qu'ils soient catholiques, orthodoxes ou protestants sont unis par un même baptême donné au Nom du Père et du Fils et du Saint Esprit. Certains mouvements sectaires comme les témoins de Jéhovah affirment être chrétiens, mais en niant la Trinité ils refusent ce qui est au cœur même de la révélation chrétienne. La Sainte Trinité est aussi ce qui distingue nettement le christianisme du Judaïsme et de l'Islam. Certes Judaïsme, christianisme et Islam sont trois monothéismes. Mais la conception de Dieu propre au christianisme est unique, notre monothéisme est en effet trinitaire.

Si l'on observe l'histoire de la révélation biblique on remarque que Dieu se révèle d'abord comme unique dans l'Ancien Testament, comme le Père créateur et le Père du peuple d'Israël. Ensuite vient la révélation du Fils, en Jésus, Parole du Père, et c'est le commencement d'une Alliance nouvelle et définitive, non plus seulement avec un peuple particulier mais avec tout être humain. Enfin par le don de l'Esprit Saint à la première Eglise, le jour de Pentecôte, la personne de l'Esprit se révèle en plénitude. Ou pour le dire autrement Dieu le Père nous a donné son Fils et le Père et le Fils nous ont donné l'Esprit. Dans notre vie chrétienne cet ordre de la révélation est en quelque sorte inversé. Car c'est l'Esprit Saint qui vient en premier. Saint Paul affirme très clairement que nul ne peut croire en Jésus Sauveur sans l'Esprit et que nous ne pouvons pas prier Dieu notre Père sans l'Esprit. L'Esprit de Pentecôte, celui de notre baptême et de notre confirmation, est le fondement même de notre vie chrétienne et spirituelle. La deuxième lecture de cette liturgie nous donne une belle définition du chrétien : être fils de Dieu, c'est se laisser conduire par l'Esprit de Dieu. C'est le Saint Esprit qui nous permet de reconnaître Dieu comme notre Père et de le prier en reprenant les mots mêmes de Jésus, le Fils unique : « Abba ! », ce qui signifie : « Papa chéri ». Croire en la Sainte Trinité, c'est donc avoir avec Dieu une relation merveilleuse, une relation nouvelle. Dans beaucoup de religions la relation entre l'homme et Dieu (ou les dieux) est marquée par la crainte et par le marchandage. L'homme craint un Dieu terrible et tout-puissant. Pour se mettre Dieu de son côté et obtenir ses faveurs il lui offre des sacrifices. Pour éviter le châtiment il suit les ordres de Dieu. Le christianisme créée une relation avec Dieu très différente. Car au fondement de la vie chrétienne il y la réalité de la grâce : donc d'un Dieu qui se donne à sa créature. Nous avons vu comment le Fils et l'Esprit nous ont été donnés et nous sont donnés chaque jour en particulier par les sacrements. Pour se donner à nous Dieu n'a pas attendu que nous soyons justes, parfaits ou saints. Il s'est donné à nous gratuitement. Nous ne sommes plus dans le marchandage mais sous la loi de la grâce. Et Dieu attend de nous une réponse d'amour bien sûr, il désire que nous mettions en pratique ses commandements, non pas pour nous imposer sa loi, mais pour notre libération : L'Esprit que vous avez reçu ne fait pas de vous des esclaves, des gens qui ont encore peur ; c'est un Esprit qui fait de vous des fils ; poussés par cet Esprit, nous crions vers le Père en l'appelant : « Abba ! » Cette affirmation de Paul rejoint ce que le Seigneur Jésus dit à ses disciples la veille de sa mort : Je ne vous appelle plus serviteurs, car le serviteur ignore ce que veut faire son maître ; maintenant, je vous appelle mes amis, car tout ce que j'ai appris de mon Père, je vous l'ai fait connaître. Dans l'Alliance nouvelle et éternelle, notre relation avec Dieu est celle de l'amitié et de la tendresse. Le but du chrétien c'est de participer un jour pleinement à la vie même de la Sainte Trinité. La Trinité c'est cette circulation, cet échange de vie et d'amour en Dieu. La Trinité c'est la plénitude et la perfection de la vie et de l'amour, donc de la joie. C'est en suivant le Christ, Fils unique, que peu à peu nous apprenons à vivre en fils de Dieu : Puisque nous sommes ses enfants, nous sommes aussi ses héritiers ; héritiers de Dieu, héritiers avec le Christ, si nous souffrons avec lui pour être avec lui dans la gloire. La grandeur de notre vocation chrétienne, la communion avec Dieu Trinité, exige en effet que nous soyons purifiés de tout ce qui nous sépare encore de la sainteté de Dieu, de la perfection de son amour.

Fête du Saint Sacrement

Marc 14, 12-16.22-26

2006

Le sacrement de l'eucharistie tient une place unique parmi les sept sacrements de l'Eglise. C'est le seul sacrement à être fêté pour lui-même dans l'année liturgique chrétienne. Il n'y a pas de fête du sacrement de baptême. La fête du baptême du Seigneur se rapporte en effet au baptême de pénitence donné par Jean le baptiste. Il n'y a pas plus de fête du sacrement de la confirmation. La Pentecôte commémore le don de l'Esprit à l'Eglise, mais pas le sacrement de confirmation de manière directe. Seule l'eucharistie est chaque année fêtée pour elle-même. Cela nous ramène au nom de cette fête : le Saint Sacrement, autrefois la Fête Dieu. Ce nom de « saint sacrement » ne signifie pas, bien sûr, que les autres sacrements ne soient pas saints, en tant que moyens de communication de la grâce divine. Il signifie que l'eucharistie est le sacrement par excellence. On pourrait dire « le sacrement des sacrements ». En effet seule l'eucharistie nous donne *Jésus lui-même*.

En cette année B, la liturgie de la Parole nous présente l'eucharistie comme le sacrement de l'Alliance.

L'Alliance est une réalité centrale dans la foi juive puis chrétienne. Elle désigne cette relation entre Dieu et son peuple, relation qui a toujours son origine dans le don de Dieu : Dieu qui se fait connaître, se révèle et appelle un peuple à entrer en relation avec lui.

Les textes bibliques insistent tout particulièrement sur *le passage* de l'ancienne à la nouvelle alliance. L'eucharistie a une histoire, et cette histoire est importante pour nous permettre de mieux la comprendre. Si l'eucharistie est le sacrement de la nouvelle Alliance, alors il est intéressant pour nous de considérer les sacrifices de l'ancienne Alliance.

A l'époque de Moïse, cette Alliance a été scellée par des sacrifices d'animaux. Et dès ce moment, le sang est un élément fondateur de l'Alliance. Notons que l'Alliance implique de la part du peuple un engagement à écouter Dieu : *« Tout ce que le Seigneur a dit, nous le mettrons en pratique, nous y obéirons. »* La première lecture montre en effet ce lien entre le culte de Dieu et la vie fidèle aux commandements de Dieu.

Le passage de la lettre aux Hébreux est d'une grande richesse. La deuxième lecture nous enseigne de quelle manière le Christ accomplit les sacrifices de l'ancienne Alliance. Il est le nouveau Moïse, il est *le médiateur* d'une alliance nouvelle. On passe ainsi des sacrifices d'animaux à l'unique sacrifice du Christ sur le bois de la croix. Et l'auteur de la lettre aux Hébreux utilise une belle formule trinitaire pour nous parler de cet unique sacrifice :

« Poussé par l'Esprit éternel, Jésus s'est offert lui-même à Dieu comme une victime sans tache. » L'eucharistie est bien un sacrifice, le sacrifice de la nouvelle alliance. Et la liturgie eucharistique est tout entière trinitaire. Qu'il nous suffise de penser à la doxologie par laquelle le prêtre ou l'évêque conclut la prière eucharistique :
« Par lui, avec lui et en lui, à toi, Dieu le Père tout-puissant, dans l'unité du Saint-Esprit tout honneur et toute gloire, pour les siècles des siècles. »

Le passage du sacrifice des animaux au sacrifice du Fils de Dieu donne un sens absolument nouveau au rite célébré dans l'eucharistie. Dans l'ancienne Alliance le peuple était purifié extérieurement. Dans l'eucharistie se réalise l'affirmation de la deuxième lecture :
« Son sang purifiera notre conscience des actes qui mènent à la mort pour que nous puissions célébrer le culte du Dieu vivant. »
Dans l'Evangile, Jésus parle de son sang, comme du sang de l'Alliance, en précisant qu'il est répandu « pour la multitude ». L'ancienne Alliance semblait se limiter au seul peuple élu : Moïse dresse douze pierres pour les douze tribus d'Israël. Entre les sacrifices d'animaux et celui du Christ, nous passons des douze tribus d'Israël aux douze apôtres, pierres de fondation du nouveau peuple de Dieu. L'Eglise célèbre toujours l'eucharistie pour la multitude des vivants et des morts. La nouvelle Alliance est universelle.

En guise de conclusion, je mentionnerai une expression du psaume 115 qui s'applique parfaitement bien à l'eucharistie : *« le sacrifice d'action de grâce. »*
Célébrer l'eucharistie, c'est en effet dire merci à Dieu pour tous ses bienfaits et d'abord pour Jésus. Cette gratitude que nous exprimons envers Dieu notre Père, nous l'exprimons certes à travers la messe du dimanche, mais aussi par toute notre vie. C'est ainsi que toute notre personne, toute notre vie deviennent eucharistiques, lieux de la présence du Christ.

10ème dimanche du temps ordinaire

Marc 3, 20-35
1997

L'évangile de cette liturgie offre à notre méditation une riche matière. Pour saisir quelques aspects de cette richesse de contenu il nous faut tout d'abord comprendre le cadre littéraire utilisé ici par saint Marc. Au premier abord on serait tenté de faire quelques reproches à l'évangéliste quant à ses talents d'écrivain. Le récit semble trop complexe et décousu. Justement c'est peut-être pour cette raison qu'il est un fidèle miroir du premier ministère de Jésus en Galilée. Dans son annonce du royaume de Dieu le Seigneur Jésus n'a pas tout planifié et prévu d'avance. C'est au gré des événements et des rencontres que Notre Seigneur a voulu révéler peu à peu l'amour du Père à ses contemporains. Il est tout entier disponible à l'aujourd'hui, à l'instant présent pour transformer ce qui pourrait sembler banal en signe de la présence de Dieu. C'est ce qu'avait bien compris, à sa manière, une sainte Thérèse de l'enfant Jésus lorsqu'elle priait ainsi : « Tu le sais, ô mon Dieu, pour t'aimer sur la terre je n'ai rien qu'aujourd'hui ! »

Cette page de saint Marc est comme un flash sur l'aujourd'hui de la mission de Jésus. Elle est pleine de vie d'où son apparent désordre. On pourrait la décomposer en trois parties : la première concerne le jugement de la famille de Jésus sur l'activité missionnaire de ce dernier, la deuxième nous rapporte ce que les scribes pensent de Jésus et la troisième le désir de sa proche famille et la réaction du Seigneur. Dans tout le texte ce qui domine est bien la constatation suivante : au début même de son activité Jésus se heurte à l'incompréhension de tous, qu'ils soient proches ou lointains. C'est la manière d'être de Jésus qui choque beaucoup de ceux qui sont les témoins de son activité. Saint Marc nous le présente comme l'homme tout entier donné aux foules. Celui qui sait se faire totalement disponible à la foule au point de ne pas pouvoir manger. De manière implicite nous apprenons aussi que Jésus expulse les démons.

Il est engagé dans une lutte contre les forces du mal. Une lutte de laquelle il sort déjà vainqueur. Enfin ce bain de foule que prend Jésus est comme l'image de l'Eglise qu'il vient fonder : une Eglise dans laquelle la fraternité selon l'Esprit l'emporte sur la fraternité selon la chair. Une Eglise qui n'a pas d'autre fin que d'accomplir la volonté du Père. A travers cette simple page d'évangile nous contemplons la double relation fondamentale qui est au cœur de l'être même du Seigneur Jésus : totalement donné à la foule des hommes, totalement tourné vers Dieu son Père. Il est vraiment homme et vraiment Dieu comme nous le confessons dans le credo. Et l'exorcisme pratiqué par Jésus est comme le condensé de toute sa mission. Il est homme parmi les foules pour apporter une libération – libération du mal et du péché- et pour orienter

les hommes enfin libres vers le culte en esprit et en vérité. Culte qui consiste à faire la volonté de Dieu. Tout cela il peut l'accomplir parce qu'il est le Fils de Dieu, celui-là seul qui a le pouvoir de ligoter l'homme fort et de piller ses biens.
Ceci étant dit il est intéressant de relever dans cette page d'évangile les jugements et les réactions que provoque Jésus parmi ses contemporains.
« Il a perdu le tête ». Ce jugement provient de la famille même du Seigneur, famille dans le sens large du terme. Il est devenu fou. L'attitude du Seigneur se heurte donc à une incompréhension totale.

« Il est possédé par Béelzéboul, c'est par le chef des démons qu'il expulse les démons ». Les scribes de Jérusalem vont encore plus loin en interprétant l'agir de Jésus comme le résultat d'une connivence avec le Mauvais. Le raisonnement de Jésus, d'une logique implacable, démonte le jugement des scribes. Mais le plus important c'est ce qui nous est dit du péché des scribes, blasphème contre l'Esprit Saint. Eux qui devraient comprendre, à cause de leur formation, se rendent volontairement aveugles. Ils ne supportent pas la simple évidence : Jésus fait beaucoup de bien, il est vainqueur des forces maléfiques. Il ne leur reste plus, ne serait-ce que pour répandre le soupçon et le doute, qu'à dire que ce bien accompli a son origine dans le Mauvais ! Rien de pire que cette mauvaise foi...
« Ta mère et tes frères sont là dehors, qui te cherchent ». C'est maintenant le cercle familial le plus proche de Jésus qui se manifeste comme pour le sauver du ridicule avant qu'il ne soit trop tard. Il faut bien penser à l'honneur de la famille... Marie et les cousins ne supportent pas l'opposition que rencontre Jésus. Mais lui place l'accomplissement de la volonté de Dieu au-dessus de toutes choses, d'abord pour lui-même et aussi pour les autres. Et accomplir la volonté de Dieu implique d'une manière ou d'une autre l'expérience de l'opposition, de l'incompréhension.

11ème dimanche du temps ordinaire

Marc 4, 26-34
2012

Après les fêtes de la Sainte Trinité et du Saint-Sacrement nous reprenons la liturgie du temps ordinaire avec la lecture continue de l'Evangile selon saint Marc (année B). L'Evangile de ce dimanche, au chapitre 4 de saint Marc, nous fait entendre la prédication de Jésus dans les premiers temps de son ministère public en Galilée. L'évangéliste a regroupé dans ce chapitre l'enseignement en paraboles. Les deux paraboles que nous venons d'entendre nous parlent du Règne de Dieu. Elles constituent une reprise et un développement de la toute première prédication du Seigneur après les tentations au désert : « Les délais sont accomplis, le Règne de Dieu est là, convertissez-vous et croyez à la Bonne Nouvelle ! » En la personne de Jésus le Règne de Dieu est donc déjà là, déjà présent, déjà agissant au milieu des hommes. La première parabole est celle de l'homme qui jette le grain dans son champ. Ce grain c'est, entre autres choses, le bon grain de la Parole de Dieu. En nous donnant cette parabole Jésus nous demande de faire un acte de foi en la présence du Règne de Dieu au milieu de nous. Il nous demande en fait de lui faire totalement confiance car il est le maître de la moisson. Cette parabole s'adresse en particulier à tous ceux parmi nous qui ont des responsabilités familiales, professionnelles, éducatives. Elle concerne autant les parents, que les professeurs ou les prêtres. Tous nous ressemblons à cet homme qui sème le grain. La parabole, contrairement à ce que pourrait laisser penser une lecture superficielle, ne nous encourage pas à la paresse ou à la négligence. Nous avons à faire notre travail : semer le grain et moissonner. Mais nous devons toujours nous souvenir que c'est la force de Dieu et elle seule qui fera porter du fruit à notre travail.

Une fois que nous avons semé, nous devons faire confiance à l'œuvre de Dieu. Et ce n'est pas parce que nous ne voyons pas de résultats visibles et immédiats que nous devons douter de l'œuvre de Dieu ou encore culpabiliser. Cette parabole nous invite aussi à la patience. Dans le domaine du Règne de Dieu il est dangereux d'appliquer les règles de la productivité capitaliste. La logique du Règne de Dieu est totalement opposée aux slogans de notre économie : produire toujours plus, toujours plus vite et à un prix toujours plus bas. L'œuvre de Dieu se réalise dans le temps, dans la durée et n'est perceptible que dans la mesure où nous sommes capables de lire les signes des temps. Il en est d'ailleurs ainsi de toutes les grandes choses dans notre monde. Un étudiant sérieux et qui aime ce qu'il étudie sait très bien qu'il a besoin de nombreuses années pour vraiment assimiler l'objet de son étude. Cette parabole nous met donc en garde contre une vision humaine de l'évangélisation dans notre Eglise. Si nous recherchons uniquement des chiffres et des statistiques, rapidement, nous risquons de prendre le chemin d'une secte américaine avec ses méthodes fort peu catholiques. Le

Règne de Dieu parmi nous est une réalité divine donc surnaturelle. Ce n'est pas un business que nous aurions à faire fructifier par des moyens seulement humains. Le concile Vatican II a beaucoup insisté sur ce point. La force de l'Eglise vient de Jésus seul et pas de sa richesse ou de son pouvoir temporel :
« La vertu du Seigneur ressuscité est sa force pour lui permettre de vaincre dans la patience et la charité les afflictions et les difficultés qui lui viennent à la fois du dehors et du dedans, et de révéler fidèlement au milieu du monde le mystère du Seigneur, encore enveloppé d'ombre, jusqu'au jour où, finalement, il éclatera dans la pleine lumière. » Il s'agit donc pour l'Eglise d'utiliser dans sa mission « tous les moyens, et ceux-là seulement, qui sont conformes à l'Evangile et en harmonie avec le bien de tous ». « L'énergie que l'Église est capable d'insuffler à la société moderne se trouve dans cette foi et dans cette charité effectivement vécues et ne s'appuie pas sur une souveraineté extérieure qui s'exercerait par des moyens purement humains. »
Si le temps de la moisson tarde, si le Règne de Dieu semble une réalité humble et discrète au milieu de nous, si nous sommes minoritaires, n'ayons pas peur. Si nous travaillons vraiment selon l'Esprit de l'Evangile, nous pouvons être certains qu'au moment où Dieu le voudra nous pourrons constater avec joie que nous n'avons pas travaillé en vain. Mais pour cela il faut que nous cultivions en nous le sens surnaturel de la foi. Il faut que nous soyons convaincus que notre travail est une participation à l'œuvre de Dieu et que c'est donc lui le Maître de toutes choses. N'oublions jamais que Dieu seul a le pouvoir de convertir les cœurs par les moyens qu'il choisit dans sa souveraine liberté.

12ᵉᵐᵉ dimanche du temps ordinaire

Marc 4, 35-41

2009

Le Seigneur Jésus a choisi comme lieu principal de sa prédication une province du nord d'Israël, la Galilée. *Une région frontalière avec le monde des non-juifs, le monde païen.* Il a fait plusieurs fois le voyage de Jérusalem pour les grandes fêtes religieuses et c'est là qu'il offrira sa vie en sacrifice. Mais la plupart du temps il s'est tenu éloigné de la capitale religieuse et politique de son peuple. La base missionnaire de Jésus a été Capharnaüm, au bord du lac, et non pas Jérusalem. Capharnaüm, la ville des pêcheurs Simon-Pierre et André. Et c'est au bord du lac de Tibériade appelé aussi mer de Galilée que le Seigneur rencontre Lévi installé au poste de douane et qu'il l'appelle à être son disciple, puis son apôtre, Matthieu. A l'occasion du repas de fête donné par Lévi dans sa maison, Jésus précise sa mission. Car les maîtres de la Loi du groupe des pharisiens sont scandalisés en voyant Jésus s'attabler avec ceux qu'ils considèrent avec mépris comme des pécheurs… *« Ce ne sont pas les bien-portants qui ont besoin d'un médecin, mais les malades. Je ne suis pas venu, moi, pour appeler des justes mais des pécheurs. »* Par sa familiarité avec les pécheurs, Jésus se révèle comme le médecin des âmes et des corps. Il révèle surtout que son cœur n'est que miséricorde et amour. Enfin il vient détruire la prétention et l'orgueil de ceux qui se considèrent supérieurs aux autres, comme l'élite religieuse du pays, simplement parce qu'ils accomplissent les préceptes de la Loi. Oui, Jésus vient détruire l'orgueil religieux qui est l'une des formes les plus détestables de ce péché capital et l'une des tentations les plus dangereuses dans notre vie chrétienne et spirituelle…

Avec l'Evangile de la tempête apaisée, le Seigneur veut faire franchir un nouveau pas à ses Apôtres dans l'initiation progressive à leur mission : *« Passons sur l'autre rive. »* Les inviter à traverser la mer de Galilée ce n'est pas seulement les inviter à un déplacement géographique. Car en face, sur l'autre rive, c'est pour eux le domaine de l'étranger, des non-juifs, des païens. Cette traversée du lac doit correspondre à un changement de mentalité pour ces hommes qui l'aiment et qui le suivent. Il leur fait ainsi comprendre que sa mission de Sauveur ne se limite pas au peuple Juif dont il est issu par Marie. Il vient pour prêcher la Bonne Nouvelle du Royaume de Dieu aux pécheurs et aux païens. Et voilà que survient une violente tempête, image des obstacles qui se dressent sur la route de l'Eglise quand elle sort de ses murs pour aller porter la Bonne Nouvelle à ceux qui sont loin. Image aussi dans la Bible des forces démoniaques déchaînées… Ce qui n'est pas étonnant puisque le premier geste de Jésus, sur l'autre rive, sera l'exorcisme du possédé de Gerasa…

Face à l'obstacle de la tempête, Marc nous dépeint deux attitudes opposées : Jésus, d'un côté, qui semble tranquille et calme, dormant à l'arrière de la barque, et les disciples remplis d'effroi. C'est alors que le Seigneur montre son pouvoir divin en commandant à la mer de s'apaiser. Le Seigneur est vainqueur des forces du mal. Et Jésus interroge ses disciples : Pourquoi avoir peur ? Pourquoi ce manque de foi ? Quand nous butons sur des obstacles, nous le savons, la peur est toujours mauvaise conseillère. La force du chrétien se trouve dans son calme et dans sa foi en la puissance victorieuse de Jésus. Cela rejoint bien l'avertissement de Dieu donné au peuple dans le livre d'Isaïe : « Dans la conversion et le calme serait votre salut, dans la sérénité et la confiance serait votre force » (30, 15).

Et voilà que les disciples vont passer de la peur face aux éléments déchaînés à une grande crainte en présence du Seigneur qui vient de manifester à leurs yeux son autorité. L'épisode de la traversée du lac correspond pour eux à une véritable révélation divine, une théophanie. Notre peur vis-à-vis des épreuves rencontrées en ce monde nous paralyse. Mais craindre le Seigneur, c'est-à-dire confesser sa divinité et sa puissance, est au contraire pour nous la source d'une grande force et d'une grande liberté. *C'est avec cette force et cette liberté que, tout au long de l'histoire, les saints et les saintes, les missionnaires, les mystiques, les réformateurs ont permis à notre Eglise de passer sur l'autre rive*. Et lorsque le bienheureux pape Jean XXIII convoqua en 1959 le Concile Vatican II, il voulait lui aussi, sous l'inspiration de l'Esprit, la faire passer, sans peur de l'avenir ni nostalgie du passé, sur l'autre rive. C'est avec une citation du dernier Concile que je conclurai : « Les joies et les espoirs, les tristesses et les angoisses des hommes de ce temps, des pauvres surtout et de tous ceux qui souffrent, sont aussi les joies et les espoirs, les tristesses et les angoisses des disciples du Christ, et il n'est rien de vraiment humain qui ne trouve écho dans leur cœur. Leur communauté, en effet, s'édifie avec des hommes, rassemblés dans le Christ, conduits par l'Esprit-Saint dans leur marche vers le Royaume du Père, et porteurs d'un message de salut qu'il leur faut proposer à tous. La communauté des chrétiens se reconnaît donc réellement et intimement solidaire du genre humain et de son histoire. »

13ᵉᵐᵉ dimanche du temps ordinaire

Marc 5, 21-43
2012

L'Evangile de ce dimanche nous rapporte deux miracles de Jésus. Comme souvent dans ce genre de situation le Seigneur fait un lien entre son action et la foi de ceux qui en bénéficient. Le cas de la femme malade est particulièrement éloquent : « Si je parviens à toucher seulement son vêtement, je serais sauvée ». Et Jésus qui a guéri cette femme à son insu reconnaît sa foi : « Ma fille, ta foi t'a sauvée. Va en paix et sois guérie de ton mal ». Cette femme malade depuis longtemps nous fait aussi penser à la foi du centurion romain : « Dis un mot seulement et mon serviteur sera guéri ». C'est ce magnifique acte de foi que nous reprenons dans la liturgie de la messe juste avant de communier. Et Jésus ne cache pas son admiration face à tant de foi : « En vérité, je vous le dis, je n'ai rencontré une telle foi chez personne en Israël ». Dans le cas de la fille de Jaïre la situation empire alors que le Seigneur se dirige vers la maison où elle se trouve. On lui fait savoir qu'elle vient de mourir. C'est alors une invitation à la foi que Jésus fait à Jaïre : « Ne crains pas, crois seulement ». Tous ces récits de miracle sont pour nous l'occasion de réfléchir au sens de notre prière de demande. Il est fréquent que nous demandions au Seigneur la guérison pour telle ou telle personne. Dans quel esprit devons-nous prier ? D'un côté Jésus nous recommande la prière de demande : Demandez, vous obtiendrez ; cherchez, vous trouverez ; frappez, la porte vous sera ouverte. Celui qui demande reçoit ; celui qui cherche trouve ; et pour celui qui frappe, la porte s'ouvre. Et il n'hésite pas à nous inviter à une prière persévérante, une prière qui ne se décourage pas. Deux petites paraboles illustrent cet enseignement dans les Evangiles : celle de l'ami importun et celle de la veuve et du juge.

C'est la foi et la confiance en la puissance bienfaisante de Dieu qui nous permettent de prier ainsi. En même temps Jésus nous demande de nous en remettre à la volonté divine : Que ta volonté soit faite ! Et l'introduction au « Notre Père » en saint Matthieu est on ne peut plus claire : Lorsque vous priez, ne rabâchez pas comme les païens : ils s'imaginent qu'à force de paroles ils seront exaucés. Ne les imitez donc pas, car votre Père sait de quoi vous avez besoin avant même que vous l'ayez demandé. Ces enseignements pourraient nous paraître contradictoires. En fait c'est une même attitude de foi qui motive les deux manières de prier. C'est bien parce que je crois que Dieu est un Père plein de bonté que je me permets de lui demander dans ma prière des grâces précises pour moi ou pour les autres. Et c'est aussi parce que je crois que la providence divine veille sur moi et sur les autres que je m'en remets à elle. Dieu sait mieux que moi-même ce qui est le meilleur. En fait il n'y a qu'une attitude dans la prière de demande. Je peux demander une guérison par exemple mais toujours en ajoutant : « Que ta volonté soit faite ! » Le fait de demander va de pair

avec l'abandon confiant en la providence divine. Le fait que je ne sois pas exaucé ne signifie pas forcément que je manque de foi. Souvenons-nous que Jésus n'a pas guéri tous les malades ni ressuscité tous les morts. Or il aurait pu le faire par une seule pensée ou une seule parole. Les miracles renvoient à autre chose qu'à eux-mêmes. Ils nous parlent du mystère de la vie et de la mort. Ils ne sont pas pour Jésus le moyen de se faire de la publicité facile et d'obtenir le succès qui serait celui d'un gourou : « Jésus leur recommanda avec insistance que personne ne le sache ». Le Seigneur demande toujours la discrétion quand il opère une guérison, même s'il y a des témoins. La manière dont est décrite le retour à la vie de la fille de Jaïre nous montre le sens du miracle : « L'enfant n'est pas morte : elle dort… ». Saint Paul reprendra ce verbe pour parler des chrétiens qui sont morts : ils dorment. Non pas pour nier la dure réalité de la mort mais pour signifier l'espérance de la résurrection. « Jeune fille, je te le dis, lève-toi ». Ce signe éclatant de la puissance de Jésus sur les forces de la mort annonce le grand signe de sa propre résurrection. Résurrection qui n'est pas seulement un retour à la vie, mais une entrée dans la gloire et une victoire définitive sur la mort. Par notre foi et notre baptême nous sommes déjà ressuscités. Nous sommes les temples de l'Esprit Saint :
Nous le savons bien, la création tout entière crie sa souffrance, elle passe par les douleurs d'un enfantement qui dure encore. Et elle n'est pas seule. Nous aussi, nous crions en nous-mêmes notre souffrance ; nous avons commencé par recevoir le Saint-Esprit, mais nous attendons notre adoption et la délivrance de notre corps. Car nous avons été sauvés, mais c'est en espérance ; voir ce qu'on espère, ce n'est plus espérer : ce que l'on voit, comment peut-on l'espérer encore ? Mais nous, qui espérons ce que nous ne voyons pas, nous l'attendons avec persévérance.

14ème dimanche du temps ordinaire

2 Corinthiens 12, 7-10

2006

La deuxième lecture de ce dimanche est un texte essentiel, je dirais même fondateur, pour toute spiritualité chrétienne authentique.
L'apôtre Paul est *un homme vrai* qui n'hésite pas à se livrer quand il écrit à ses chers Corinthiens qui lui donnent parfois bien des soucis…
Paul est tout à fait conscient des grandes grâces qu'il a reçues du Seigneur. Et la plus grande de toutes c'est certainement sa conversion fulgurante sur le chemin de Damas. Cet événement est tellement important pour l'histoire de l'Eglise que la liturgie fête chaque année cette conversion de Saul, le 25 janvier. Dans le passage de sa seconde lettre aux Corinthiens que nous entendons en ce dimanche, l'Apôtre mentionne aussi des « révélations exceptionnelles ». Notons bien qu'il ne rentre pas dans le détail ni dans le contenu de ces révélations… Nous aussi, nous avons à dire merci de tout notre coeur au Seigneur pour tous les bienfaits dont il nous a comblés et dont il continue de nous combler chaque jour. Notre vie chrétienne doit vraiment être *eucharistique*. Paul montre bien qu'une grâce du Seigneur, surtout si elle est exceptionnelle, peut nous conduire au péché. Ce n'est, bien sûr, jamais la grâce en elle-même qui nous conduit au péché, c'est plutôt *notre manière de la recevoir et de l'envisager*. Il existe en effet un orgueil spirituel qui nous éloigne de Dieu et nous précipite dans le travers des Pharisiens. Cet orgueil peut être personnel ou communautaire dans l'Eglise. Combien de communautés se sont crues supérieures aux autres ? Faisant croire à leurs membres que s'ils appartenaient à telle ou telle communauté, ils faisaient automatiquement parti de l'élite spirituelle de l'Eglise…
La tentation consiste donc à se surestimer pour reprendre l'expression de Paul. Pour le préserver de cette tentation, le Seigneur lui envoie en même temps que ses grâces « une écharde, un envoyé de Satan ». Les spécialistes de la Bible ont longuement discuté pour savoir à quoi correspondait cette écharde… On pense que Paul devait être éprouvé par une maladie. Face à cette épreuve, l'apôtre demande dans la prière de ne plus avoir à subir cette écharde dans sa chair. Mais telle n'est pas la volonté de Dieu !

« Ma grâce te suffit : ma puissance donne toute sa mesure dans la faiblesse. »
La réponse du Seigneur peut nous sembler paradoxale. En fait comprenons-en bien le sens. Lorsqu'un serviteur de Dieu est faible soit physiquement soit intellectuellement ou encore dans d'autres domaines, la puissance de Dieu se manifeste de manière encore plus pure, encore plus éclatante. Car alors nous comprenons que la grandeur de ce serviteur de Dieu n'a rien à voir avec une grandeur humaine, c'est une grandeur toute divine. Et l'efficacité de son apostolat ne vient pas du génie humain mais de l'abandon total du serviteur de Dieu à la puissance de la grâce. Un chrétien, un apôtre

n'a pas besoin d'être un génie, il a besoin de mettre toute sa confiance en Dieu notre Père.
(Comment ne pas penser en ce lieu et en ce temps de prière préparatoire à la fête des bienheureuses religieuses d'Orange à l'oraison de leur fête ? « Dieu qui déploies ta puissance dans la faiblesse au milieu des combats de ce monde... ». Paul aurait signé de ses deux mains une telle prière !)
Jésus fait donc comprendre à son Apôtre que sa faiblesse n'est pas un obstacle à sa mission, elle est le creuset humain dans lequel la grâce divine vient porter de beaux fruits.
« Je n'hésiterai donc pas à mettre mon orgueil dans mes faiblesses, afin que la puissance du Christ habite en moi. »

Manifestement la traduction liturgique de ce verset est mauvaise, elle est un véritable contresens. Les faiblesses que Paul doit humblement supporter sont permises par Dieu pour lui éviter de tomber justement dans le péché d'orgueil ! Comment pourrait-il alors mettre son orgueil dans ses faiblesses ? L'orgueil est un péché capital, pas une vertu. D'autres traductions sont bien plus justes :
La Bible des Peuples propose : *« Aussi, je me sens bien plus assuré dans mes faiblesses, car alors je suis couvert par la force du Christ. »*
Quant à la Bible Osty, elle propose : *« C'est donc avec grand plaisir que je me vanterai surtout de mes faiblesses, pour que repose sur moi la puissance du Christ. »*
La néo-vulgate, c'est-à-dire la version officielle de la Bible en latin pour l'Eglise catholique utilise « *gloriabor* » : « je me glorifierai ». Se glorifier de ses faiblesses ne veut pas dire en tirer orgueil...
L'attitude de l'apôtre nous enseigne la confiance totale en Dieu ainsi que l'acceptation de nos faiblesses et de nos épreuves pour le Christ.
(C'est précisément cette attitude là, attitude profondément spirituelle et humble, qui a permis aux bienheureuses religieuses d'Orange d'accéder à la gloire du martyre, c'est-à-dire à la fidélité totale jusqu'au bout.)
« Car lorsque je suis faible, c'est alors que je suis fort. »
Il nous faut souvent bien des années pour comprendre dans notre existence la vérité de ces paroles, il s'agit ici de tout le cheminement de l'expérience spirituelle. Etre humain, c'est être forcément limité, donc marqué par des faiblesses. Et depuis le péché originel tous les humains, à l'exception de la Vierge Marie et de Jésus son Fils, sont marqués par le péché et le mal. La tentation de l'homme spirituel consiste à vouloir renoncer à son humanité, car il y voit un obstacle à la vie avec Dieu. La tentation est de vouloir être un ange, or « qui veut faire l'ange fait la bête ». Pascal voulait dénoncer par-là l'orgueil spirituel qui, sous prétexte de nous élever, nous coupe de la relation avec Dieu et les autres. Je laisserai à l'auteur des *Pensées* le mot de la fin : *« Il faut des mouvements de bassesse, non de nature, mais de pénitence, non pour y demeurer mais pour aller à la grandeur. Il faut des mouvements de grandeur, non de mérite mais de grâce et après avoir passé par la bassesse. »*

15ème dimanche du temps ordinaire

Marc 6, 7-13

2009

En ce dimanche les textes de la Parole de Dieu forment *une admirable symphonie*, se répondant et s'enrichissant mutuellement. Cette liturgie de la Parole nous présente notre vie chrétienne sous un jour particulier, dans la lumière du mystère de la volonté divine, pour reprendre saint Paul. Nous avons tendance à l'oublier, mais notre vie chrétienne est tout entière une réponse à un choix et à un appel de la part de Dieu Notre Père. Et cela est vrai non seulement pour les successeurs des apôtres que sont les évêques et les prêtres mais aussi et d'abord pour tous les baptisés. Si notre vie est réellement une réponse à cet appel divin, cela lui confère une dimension dynamique. L'appel vient du Père et nous rappelle nos racines dans l'être : nous sommes des créatures. Le même appel nous donne aussi un but, une fin à atteindre, qui est l'accomplissement de notre vocation humaine et chrétienne en Dieu. C'est cette vision grandiose de l'existence chrétienne que saint Ignace de Loyola résume avec son *Principe et Fondement* dans les Exercices spirituels : « L'homme est créé pour louer, révérer et servir Dieu notre Seigneur et par là sauver son âme, et les autres choses sur la face de la terre sont créées pour l'homme, et pour l'aider dans la poursuite de la fin pour laquelle il est créé. » Le fondateur des Jésuites exprime ici avec le langage de son époque la magnifique intuition théologique de saint Paul, dans la deuxième lecture. Saint Paul nous parle de prédestination, un terme qui a suscité tant de polémiques dans l'histoire de l'Eglise. De toute éternité nous sommes appelés et choisis par Dieu Père et Créateur ! Il est bon de réentendre trois passages de la deuxième lecture illustrant cette vérité :
« Dans le Christ, Dieu nous a choisis *avant la création du monde*, pour que nous soyons, dans l'amour, saints et irréprochables sous son regard. » « Il nous a *d'avance* destinés à devenir pour lui des fils par Jésus Christ. » « Dans le Christ, Dieu nous a *d'avance* destinés à devenir son peuple. »

Avant même notre naissance, avant même notre création Dieu nous aime et nous donne une vocation. Une image humaine peut nous faire approcher de cette réalité vertigineuse : nos parents nous ont certainement aimés avant notre naissance, ils nous ont désirés et ont eu pour nous des tas de projets… Paul nous présente le projet divin. Tout est dit. Notre vocation, donc notre but et notre accomplissement, c'est la sainteté. La sainteté, c'est devenir toujours davantage fils et filles de Dieu. Et l'apôtre précise que cela se réalise *ensemble*, dans l'Eglise qui est le peuple de Dieu. Et que cela ne peut se réaliser que *par et dans le Christ*.
C'est dans ce contexte que les vocations particulières du prophète Amos et des Apôtres prennent tout leur sens. C'est juste après l'échec de sa première prédication à Nazareth, que Jésus appelle les Douze et les envoie en mission deux par deux. Il leur

demande de vivre *pauvrement*. Souvenons-nous que ces hommes étaient non pas des lettrés ou des spécialistes de la religion mais des pêcheurs. Amos quant à lui était éleveur de bétail. Ce qui nous rappelle les paroles de Paul aux Corinthiens : « *Voyez un peu, frères, quelle est votre condition* : combien d'entre vous passent pour des gens cultivés, ou sont de familles nobles et influentes ? Bien peu... Dieu a choisi ce que le monde considère comme faible pour humilier les forts. » En tant que pêcheurs, les apôtres ne vivaient pas dans la pauvreté. Jésus leur demande de tout quitter pour qu'ils soient porteurs dans leur faiblesse de la puissance de la Parole de Dieu. Le Seigneur demande aussi à ses apôtres de *respecter la liberté de conscience de ceux vers lesquels ils sont envoyés* : « Si on refuse de vous accueillir et de vous écouter, partez en secouant la poussière de vos pieds... ». Amos, le prophète qui vient du sud, n'a pas de succès à Béthel, sanctuaire royal, et auprès des élites religieuses... Parce qu'Amos a été fidèle à sa vocation de prophète, il a fini par être expulsé sur dénonciation au roi. Jésus n'a pas été mieux accueilli dans sa patrie, à Nazareth... On a même voulu le tuer ! Il ne s'est pas imposé aux récalcitrants, mais passant au milieu d'eux, il continua son chemin et se rendit à Capharnaüm. Un apôtre du Christ, un missionnaire de l'Evangile, ne se comporte pas comme un représentant de commerce ou un propagandiste de bas étage. Il est le porteur et le témoin de cet appel de Dieu pour tous les hommes, appel à la conversion en vue de la sainteté. C'est librement que Dieu nous aime, nous crée et nous choisit pour faire partie de son peuple. C'est librement que nous devons répondre à son appel sur nous. *La Bonne Nouvelle se propose, elle ne saurait en aucun cas s'imposer*. Sa force se trouve dans l'amour et la vérité qui sont en Dieu davantage que dans les qualités humaines de l'apôtre. La foi doit être prêchée en actes et en paroles pour que Dieu puisse « saisir l'univers entier, ce qui est au ciel et ce qui est sur la terre, en réunissant tout sous un seul chef, le Christ. »

16ème dimanche du temps ordinaire

Ephésiens 2, 13-18

2006

Le contexte géopolitique de ces derniers jours, particulièrement au Proche-Orient, m'a rendu sensible à la deuxième lecture de ce dimanche. Et comment ne pas penser aussi à l'Irak qui ne parvient pas à se reconstruire ? Et aux menaces en provenance de l'Iran ? Vous me direz que depuis que l'homme est homme, il y a toujours eu des guerres et des conflits, et c'est malheureusement vrai... Plaute, poète comique latin d'avant le Christ, ne disait-il pas déjà : *Homo homini lupus ?* L'homme est un loup pour l'homme !

Cependant nous ne devons pas oublier une réalité essentielle : le Christ est venu dans notre histoire, un Sauveur nous a été donné. Cet événement est tellement important que désormais nous divisons l'histoire en deux parties : avant le Christ et après le Christ. Vous me direz probablement qu'après la venue du Christ parmi nous les guerres et les conflits ont continué, et que même le 20ème siècle a été l'un des plus sanglants et des plus horribles de ce point de vue là... C'est tout à fait vrai ! Et comment imaginer sans frémir que lors des deux guerres mondiales des européens, pour la plupart des disciples du Christ, se sont entretués par milliers ? La liturgie de la Parole nous parle des bergers, des pasteurs, et de leur importance décisive dans le déroulement de notre histoire humaine. Quand des peuples ont pour bergers Hitler et Mussolini, l'on sait les conséquences que cela peut avoir... Notre nouveau pape a choisi le prénom de Benoît en partie pour honorer son prédécesseur le pape Benoît XV. Ce bon pasteur a fait tout ce qui était en son pouvoir pour arrêter la première guerre mondiale, mais en vain. Qui, parmi les responsables politiques, aurait l'humilité d'écouter les conseils du successeur de Pierre ? Bush est lui aussi resté sourd aux avertissements de Jean-Paul II par rapport à la guerre en Irak, l'on voit les résultats actuellement de cet entêtement politique.

Saint Paul, dans le magnifique passage de sa lettre aux Éphésiens, nous rappelle que le Christ est notre paix : « *Il est venu annoncer la bonne nouvelle de la paix, la paix pour vous qui étiez loin, la paix pour ceux qui étaient proches.* »
Pourquoi l'homme, et en particulier les responsables politiques de certains pays, refusent d'accueillir cette bonne nouvelle de la paix pour tous ? Pourquoi faisons-nous si facilement un mauvais usage de notre liberté et de notre pouvoir ? Parce que nous sommes encore esclaves du péché, parce que nous ne voulons pas nous laisser réconcilier avec Dieu : « *Les uns comme les autres, réunis en un seul corps, il voulait les réconcilier avec Dieu par la croix.* »
C'est dans le Christ, et uniquement en Lui, que le genre humain peut retrouver sa véritable unité : « *Il voulait ainsi rassembler les uns et les autres en faisant la paix, et*

créer en lui un seul homme nouveau. »
Vous vous souvenez probablement du très beau passage de la lettre aux Galates dans lequel Paul tire les conséquences pratiques du baptême : « *Là, il n'y a plus de distinctions : Juif et Grec, esclave et homme libre, homme et femme ; tous vous êtes devenus uns dans le Christ Jésus.*[10] » Nous comprenons bien que l'unité et l'égalité véritables ne peuvent venir que de Dieu notre Père. Ce sont des réalités spirituelles. On se prendrait à rêver en paraphrasant l'apôtre : « *Là, il n'y a plus palestiniens et israéliens, musulmans et chrétiens...* ».
Dans la deuxième lecture, Paul a un mot très fort : « *Par sa chair crucifiée, il a fait tomber ce qui les séparait, le mur de la haine... En sa personne, il a tué la haine.* »
Ce qui signifie que la victoire de l'amour sur la haine nous est acquise dans la victoire du Christ, dans sa glorieuse résurrection et dans son ascension à la droite du Père. Le mur de Berlin est tombé... Qui l'aurait cru il y a quelques années en arrière ? Et nous savons le rôle éminent de Jean-Paul II dans cette évolution et cette réconciliation en Europe. Au Proche-Orient, l'état d'Israël a construit un nouveau mur pour se protéger des palestiniens. Notre histoire est ainsi faite : un pas en avant, un pas en arrière.

Alors si nous n'avons pas le pouvoir de changer la face du monde, nous pouvons essayer de changer ce qui ne va pas en nous-mêmes, c'est ça la conversion. Paul nous appelle à un double mouvement spirituel : le premier est intérieur. Il s'agit bien de nous laisser réconcilier avec Dieu et avec nos frères, il s'agit de devenir vraiment ce que nous sommes, c'est-à-dire chrétiens. Et dans un chrétien, il ne doit y avoir aucune place pour la haine, la vengeance et l'égoïsme. Le second est davantage tourné vers l'extérieur. Même si nous ne pouvons pas changer le monde, nous devons travailler, là où nous sommes à plus de justice et de paix. Notre responsabilité, même petite, est bien réelle.
Que par son Esprit Saint le Seigneur nous empêche de tomber dans le découragement ou la résignation, qu'il ravive en nous l'espérance chrétienne, l'espérance d'un monde nouveau !

---

10 Galates 3, 28

17ème dimanche du temps ordinaire

Jean 6, 1-15

2009

Avec le récit de la multiplication des pains nous commençons en ce dimanche notre lecture du chapitre 6 de saint Jean : *chapitre eucharistique* consacré au Pain de vie. Je vous propose de méditer la multiplication des pains comme un enseignement sur le rapport entre la grâce et la nature, Dieu et l'homme.

Il y a là sur la montagne, une colline dominant le lac, une grande foule venue écouter Jésus. Les disciples et les apôtres sont là aussi. Et voilà que se pose la question toute pratique de la nourriture de ces nombreuses personnes en un lieu désert. Et c'est le Seigneur qui pose cette question à son apôtre Philippe « pour le mettre à l'épreuve » : « Où pourrions-nous acheter du pain pour qu'ils aient à manger ? » Jésus a décidé de faire un signe en faveur de cette foule fatiguée et affamée mais il veut aussi éduquer ses apôtres. S'il les met ainsi à l'épreuve, c'est bien pour les faire passer d'une pensée toute naturelle à une pensée surnaturelle ou pour le dire autrement d'une vue selon la seule raison à une vue selon la foi. Et Philippe répond selon le bon sens humain, selon la raison : « Le salaire de deux cents journées ne suffirait pas pour que chacun ait un petit morceau de pain ». C'est comme s'il disait à son Maître : ce que tu nous demandes là est impossible ! L'intervention d'André quant à elle est intéressante... Elle témoigne d'un commencement d'espérance face à une situation apparemment sans issue : « Il y a là un jeune garçon qui a cinq pains d'orge et deux poissons... ». Peut-être avait-il prévu le pique-nique champêtre pour lui et les membres de sa famille... Mais André demeure bien au seul niveau de la nature humaine, du raisonnable : « Mais qu'est-ce que cela pour tant de monde ! »

Jésus va alors faire ce signe de la multiplication des pains. Non pas à partir de rien, comme quand Dieu créa le monde, mais bien *à partir des cinq pains et des deux poissons*. Ce qui signifie que le geste surnaturel du Seigneur utilise la nature. Il n'y a pas opposition entre le domaine de la grâce surnaturelle et le domaine de la nature créée. Cette complémentarité entre la nature et la grâce, nous la retrouvons dans tout le christianisme, et d'abord dans le mystère de *l'incarnation*. Comment le Fils de Dieu est-il venu au monde ? Par le « oui » et le corps de la Vierge Marie, donc selon la nature humaine, et par l'action en elle du Saint-Esprit, donc de manière surnaturelle, divine. Et c'est pour cela que Jésus est en vérité vrai Dieu et vrai homme, médiateur entre Dieu et les hommes. C'est dans la lumière de ce mystère de l'incarnation, que nous comprenons alors les sacrements, particulièrement le sacrement de l'eucharistie. En instituant l'eucharistie, Jésus a pris des éléments naturels, le pain et le vin, pour en faire son corps et son sang. Il ne peut y avoir d'eucharistie, donc de présence vivante et sacramentelle du Seigneur Jésus à son

Eglise, sans la nature (le pain) et sans le surnaturel (l'action de l'Esprit-Saint). Il ne peut y avoir d'eucharistie dans le sens plénier du sacrement sans notre participation intérieure et extérieure au mystère. Au moment de la préparation des dons, le prêtre dit à voix basse, en versant une goutte d'eau dans le calice, la prière suivante : « *Comme cette eau se mêle au vin pour le sacrement de l'Alliance, puissions-nous être unis à la divinité de Celui qui a pris notre humanité.* » Remarquez bien le lien fait par la liturgie entre le mystère de l'incarnation et celui de l'eucharistie. Dans l'eucharistie sont en quelque sorte mêlés Dieu et l'homme, le surnaturel et la nature. Et au moment de la préparation des dons, alors que le prêtre présente à Dieu le pain et le vin, nous devons nous offrir nous aussi au Père avec toute notre personne et toute notre vie, avec ce qui est lumineux en nous comme avec les parts d'ombre que nous portons... Nous apportons ce qui relève du domaine de notre nature humaine, sanctifiée par le baptême, pour qu'elle soit élevée, assumée, transfigurée dans l'amour surnaturel du Seigneur, pour qu'elle soit davantage divinisée. Le corps ecclésial (chaque baptisé en communion de foi, d'espérance et de charité avec les autres baptisés) et le corps eucharistique sont des réalités inséparables. Voilà jusqu'où peuvent nous mener les cinq pains et les deux poissons utilisés par Jésus pour nourrir toute une foule...

Saint Jean relève qu'il resta après le repas douze paniers de nourriture. Comme les douze tribus d'Israël et comme les douze apôtres du Seigneur... Le pain multiplié, signe du pain eucharistique, est non seulement surabondant mais inépuisable. Il ne manquera jamais à l'Eglise jusqu'à la fin des temps. La fin du récit de la multiplication des pains nous montre que la foule rassasiée en est restée au niveau de la nature, elle n'a pas encore compris le message de grâce. Cette foule veut en effet faire de Jésus un roi temporel, un Messie-Prophète impliqué directement dans les affaires de ce monde qui passe. *Et le Seigneur est obligé de s'enfuir, jusqu'au moment de la Passion où il sera vraiment Roi de manière divine et surnaturelle, selon la volonté du Père et non selon les vues des hommes !*

18ème dimanche du temps ordinaire

Jean 6, 24-35

2009

Nous poursuivons en ce dimanche notre méditation du chapitre 6 de saint Jean. Dans le prolongement de la multiplication des pains, nous trouvons *le commencement du discours de Jésus consacré au Pain de vie*. Ce discours est en fait un dialogue dans lequel Jésus à la fois enseigne et à la fois répond aux questions de ses interlocuteurs. Avant d'entrer dans le détail de cet enseignement – dialogue, il est important de relever que Jésus et ses auditeurs ne sont pas sur la même longueur d'onde. Et il en va de même pour nous aujourd'hui. Nous avons beau être les disciples du Christ, cela ne nous dispense jamais de nous mettre sur la même longueur d'onde que Lui. C'est cela se convertir : adapter notre mentalité, nos pensées, nos actes à la Parole du Christ tel que nous la recevons dans les Evangiles et en Eglise. Ne lisons pas cette page d'Evangile comme une discussion théologique du passé. Trouvons-y avec l'aide de l'Esprit-Saint notre nourriture pour devenir de meilleurs chrétiens.

Après le signe grandiose de la multiplication des pains, et l'échec, rappelons-le, de l'intronisation de Jésus comme roi, les foules se mettent à la recherche du Seigneur. Et cette recherche n'a rien de spirituel ! D'où le commentaire du Seigneur : « Ne travaillez pas pour la nourriture qui se perd, mais pour la nourriture qui se garde jusque dans la vie éternelle. » Nous travaillons pour vivre, pour gagner de l'argent. Et cela est normal. Mais nous savons bien que de toute notre activité, il ne restera rien, si nous ne mettons pas le Christ au centre. Tout ce qui est matériel, l'argent y compris, est passager. Job, l'homme dépossédé de tous ses biens et de sa santé, l'avait bien compris quand il s'exclamait : « Nu je suis sorti du ventre de ma mère, nu aussi j'y retournerai. » Déjà en 1914, Charles Péguy constatait avec amertume que *l'Argent, telle une divinité toute-puissante, dirigeait notre monde moderne* : « Pour la première fois dans l'histoire du monde, l'argent est maître sans limitation et sans mesure. Pour la première fois dans l'histoire du monde, l'argent est seul en face de l'esprit. (Et même il est seul en face des autres matières.) Pour la première fois dans l'histoire du monde, l'argent est seul devant Dieu. » Etre chrétien, c'est donc *retrouver cette sagesse* qui consiste à travailler pour la nourriture qui ne se perd pas dans un monde devenu esclave du pouvoir de l'argent et de la matière. Etre chrétien, c'est être libre. Et les Juifs de notre Evangile demandent à Jésus ce qu'il faut faire pour travailler aux œuvres de Dieu. Ils sont de bonne volonté. « L'œuvre de Dieu, c'est que vous croyez en celui qu'il a envoyé. » Eux parlent de « faire » quelque chose, Jésus leur demande leur foi : « Croyez en moi, c'est ainsi que vous travaillerez en vue de la nourriture qui se garde jusque dans la vie éternelle. » Notre foi en Jésus Sauveur est une véritable force. Et nous voyons à quel point justement l'absence de foi, ou une foi tiède, ou encore l'indifférence, laissent la place libre pour les idoles de notre monde actuel. La foi seule nous permet de résister et de demeurer libres dans le Christ en vue de la vie éternelle et bienheureuse à laquelle nous sommes appelés. Malheureusement les Juifs ne comprennent toujours pas et demeurent empêtrés dans le monde matériel : ils réclament un signe et parlent de « faire une œuvre », alors que Jésus attend leur foi. Et c'est dans ce contexte d'incompréhension que le Seigneur va commencer à révéler une réalité nouvelle, le Pain de vie, réalité annoncée par la manne autrefois : « Le pain de Dieu, c'est celui qui descend du ciel et qui donne la vie au monde. » La vraie vie, la vie spirituelle, la vie de l'âme ne peut venir des progrès scientifiques et techniques, elle ne vient pas non plus de notre compte en banque… La médecine nous permet de vivre plus longtemps. Mais seul le Pain de Dieu, pain de sa Parole et pain eucharistique, nous permet de vivre mieux, de vivre vraiment. Nous n'avons jamais autant parlé de *la qualité de vie* qu'aujourd'hui… La vraie qualité de vie va de pair avec un cœur qui est dans la joie et la paix, un cœur qui se sait aimé par le Seigneur. Et cet amour du Seigneur est gratuit… Les Juifs commencent à comprendre, ils appelaient Jésus « Maître », ils l'appellent maintenant « Seigneur » : « Donne-nous de ce pain-là, toujours. » Leur faim commence à devenir spirituelle. Et Jésus s'appuie sur leur petit désir, leurs premiers pas dans la voie de l'Esprit, pour leur révéler le grand mystère : Ce pain de Dieu, c'est lui-même ! « Je suis le pain de la vie ». Et il en profite pour leur rappeler l'importance de la foi sur ce chemin : « Celui qui croit en moi n'aura plus jamais soif. »

Au début du discours sur le Pain de Vie, Jésus, l'envoyé du Père, nous invite à une foi renouvelée en Lui. L'eucharistie est bien le sacrement de la foi. Cette foi en Jésus Vivant et présent, nous la proclamons non seulement par le Credo, mais aussi au cœur de la prière eucharistique, et par notre « Amen » avant de communier. Seule cette foi ne déçoit point. Tout passe ici-bas, sauf le Christ et sa Parole. Croire en Lui, c'est déjà faire de notre cœur une terre de paradis.

19ème dimanche du temps ordinaire

Jean 6, 41-51

2009

Nous continuons en ce dimanche notre méditation du chapitre 6 de saint Jean. Le passage qui nous est proposé par la liturgie commence avec les récriminations des Juifs. Ces récriminations sont en fait des plaintes, des murmures, des manifestations de désaccord et d'incompréhension… C'est le terme « technique » utilisé par l'Ancien Testament pour désigner ces moments tendus lors des 40 années passées dans le désert, moments au cours desquels le peuple se révolte contre Moïse et lui fait de vifs reproches, souvent à cause du manque de nourriture et d'eau. Ici ces récriminations sont contre Jésus. Quelle est pour les Juifs la pierre d'achoppement dans ce que Jésus leur enseigne ? Ils le disent très clairement :
« *Cet homme-là n'est-il pas Jésus, fils de Joseph ? Nous connaissons bien son père et sa mère. Alors, comment peut-il dire : 'Je suis descendu du ciel' ?* »

En annonçant le mystère de l'eucharistie, pain descendu du ciel, Jésus annonce son propre mystère, celui de son identité profonde de Fils de Dieu. Les Juifs butent car ils n'ont pas accès pour le moment au mystère de l'incarnation. Ils pensent avoir en face d'eux un grand prophète, un Maître en religion, capable d'opérer des signes, mais un homme, rien qu'un homme. Ils ne peuvent pas voir à travers le voile de son humanité sa divinité, le fait que précisément son origine n'est pas en Joseph, mais bien en Dieu, le fait que par le mystère de l'incarnation il soit « descendu du ciel ».
Dans sa réponse très développée, Notre Seigneur ne cherche pas à se défendre ou à se justifier. Il enseigne inlassablement ce peuple à la nuque raide. Il répète comme un bon pédagogue. D'une certaine manière, c'est Jésus lui-même qui trouve des excuses à leurs récriminations : « *Personne ne peut venir à moi, si le Père qui m'a envoyé ne l'attire vers moi…* » La foi en Jésus est une grâce, un don de Dieu. En même temps le Seigneur souligne leur manque de foi véritable : « *Tout homme qui écoute les enseignements du Père vient à moi* ». Si ces Juifs qui récriminent contre Jésus connaissaient vraiment le Père par la foi, ils réagiraient autrement. Ils accepteraient la révélation du pain de vie et celle du Fils.

Dans le contexte de cette annonce de l'eucharistie et de ce scandale à propos de son identité, Jésus va une fois encore les appeler à la foi : « *Celui qui croit en moi a la vie éternelle* ». Ces Juifs qui prétendent croire en Dieu doivent aussi croire en son envoyé, Jésus. Pour les attirer à lui, il leur parle de la vie éternelle. En mettant peut-être la barre un peu haut car ceux qui récriminent contre lui ont des préoccupations beaucoup moins spirituelles. Cet enseignement du Christ en saint Jean nous montre le lien très étroit qui existe entre tous les mystères de notre foi. Au centre il y a bien l'annonce de ce pain de vie descendu du ciel. Mais en parlant de l'eucharistie, Jésus ne peut faire autrement que de parler du mystère de sa propre personne (l'incarnation) et du don de la foi. L'eucharistie est un sacrement qui nous renvoie toujours au Christ, au Verbe fait chair. L'eucharistie est toujours le sacrement de la foi. Et ce n'est pas par hasard si au cœur de la prière eucharistique le prêtre invite les fidèles à proclamer leur foi dans le mystère du Christ. *Il est grand le mystère de la foi. Nous proclamons ta mort, Seigneur Jésus, nous célébrons ta résurrection, nous attendons ta venue dans la gloire.*

A la fin de cet Evangile, Jésus veut aller encore plus loin dans la révélation de l'eucharistie : *« Le pain que je donnerai, c'est ma chair, donnée pour que le monde ait la vie ».* Au début les Juifs butaient sur le mystère de l'incarnation, en ne parvenant pas à voir en Jésus de Nazareth plus qu'un grand prophète... Et voilà qu'il leur annonce, au futur (« Le pain que je donnerai »), son sacrifice sur le bois de la croix (« c'est ma chair, donnée pour que le monde ait la vie »)... Dimanche prochain nous verrons à quel point cette annonce va relancer les récriminations contre Jésus !
L'Evangile de ce dimanche nous rappelle en tout cas que les pensées de Dieu ne sont pas nos pensées. Et que même des personnes professant leur foi en Dieu à l'intérieur d'une tradition religieuse sont toujours remises en question par les vérités de foi. Dieu demeure toujours le plus grand, il demeure transcendant, même lorsque, librement, il décide d'épouser notre humanité et de se faire l'un de nous. Même lorsque librement il veut se faire notre nourriture spirituelle dans l'eucharistie. L'incarnation et l'eucharistie nous montrent un Dieu qui s'abaisse. Et il nous faut une foi encore plus grande pour l'accepter et surtout pour comprendre que cet abaissement est le signe le plus manifeste de la toute-puissance de son amour à notre égard. Car du point de vue de Dieu, est vraiment grand celui qui est vraiment généreux, celui qui, par amour, est prêt à s'abaisser !

Assomption de la Vierge Marie 2007

Avec l'Immaculée Conception, fêtée chaque année le 8 décembre, l'Assomption fait partie de ce que l'on peut nommer les privilèges de la Vierge Marie. Ces privilèges lui ont été accordés par Dieu comme une grâce particulière en raison de sa maternité divine, en raison de sa mission absolument unique dans toute l'histoire du salut. L'Immaculée Conception signifie que Marie a été préservée dès sa conception du péché originel. Marie est la toute sainte. Si le mystère de l'Immaculée Conception nous ramène aux commencements de la vie humaine de Marie, celui de l'Assomption nous fait contempler la fin de son existence terrestre, ce que les Orientaux nomment la dormition de la Vierge. Il suffit de lire la deuxième lecture de cette messe pour se rendre compte de la réalité de ce privilège : « *C'est dans le Christ que tous revivront, mais chacun à son rang : en premier, le Christ : et ensuite, ceux qui seront au Christ lorsqu'il reviendra.* » L'apôtre Paul n'avait bien sûr aucune idée de l'Assomption de Marie.

Dans notre profession de foi, nous disons très clairement : « *J'attends la résurrection des morts, et la vie du monde à venir.* » Marie n'a pas eu à attendre le retour du Christ en gloire pour connaître la réalité de la résurrection. Elle est passée de cette terre au ciel, à la gloire même de Dieu, avec son corps et son âme, tout entière sauvée et toute sainte. Nous avons comme une préfiguration de ce mystère dans l'Ancien Testament avec l'enlèvement du prophète Elie au ciel : « *Le Seigneur fit monter Elie au ciel dans un tourbillon.*[11] » Si le Christ est le premier ressuscité parmi les morts, Marie, sa mère, est la première créature humaine à être pleinement associée, dans toutes les dimensions de son être, à la victoire du Fils de Dieu sur la mort et le péché : et cela précisément par les privilèges de l'Immaculée Conception et de l'Assomption. Marie, dans le mystère de son Assomption, est véritablement la nouvelle Eve. Le livre de la Genèse affirme que « *l'homme donna alors à sa femme le nom d'Eve (c'est-à-dire la Vivante) parce qu'elle fut la mère de tous les vivants.*[12] » Marie est bien la Vivante par excellence, la mère de tous les fils de Dieu, la mère de tous ceux qui, par le baptême et par la foi, sont appelés à la gloire de la résurrection. Elle est notre mère. Jésus a voulu qu'elle soit notre mère. Par l'opération du Saint-Esprit elle a donné naissance au Sauveur. Elevée maintenant dans la gloire du ciel, elle ne cesse pas d'enfanter à la vie spirituelle les enfants de Dieu. Il est beau de mettre en parallèle le premier livre de la Bible, la Genèse, et le dernier, l'Apocalypse. Et ainsi de contempler Eve et la nouvelle Eve. Après le premier péché, la Genèse nous rapporte que Dieu « habilla l'homme et la femme avec les tuniques de peau qu'il leur avait faites. » A l'autre bout de la révélation, la femme de l'Apocalypse est habillée par le soleil avec la lune sous

---

[11] 2 Rois 2, 1

[12] Genèse 3,20

ses pieds : images de sa grande gloire, alors que les tuniques de peau représentaient la déchéance de notre humanité séparée de son Créateur par le péché.

Fêter Marie en son Assomption, c'est donc fêter un mystère glorieux, un mystère où la vie est définitivement victorieuse. Marie anticipe pour chacun de nous cette victoire du salut par le Christ. Mais cette fête ne nous plonge pas pour autant dans l'illusion. Les textes bibliques nous parlent de combat, de lutte. Il y a l'énorme dragon de l'Apocalypse, représentation probable de l'Ennemi du genre humain, de l'Adversaire qui cherche à faire échouer le plan de Dieu pour notre humanité. Et puis saint Paul nous parle des ennemis du Christ. Saint Paul nous fait comprendre que ce n'est qu'à la fin des temps que les puissances du mal seront détruites par la Royauté du Christ. En attendant *nous sommes sous le régime de la lutte spirituelle, et Marie nous est aussi donnée comme Mère dans cette lutte.*

Quelles sont donc nos armes ? Celles-là même que Marie a utilisé. Tout d'abord une grande foi en Dieu : « *Heureuse celle qui a cru à l'accomplissement des paroles qui lui furent dites de la part du Seigneur.* » Ensuite l'humilité, ô combien présente dans la très belle prière du Magnificat ! Nous ne pouvons parvenir à la gloire de Dieu avec Marie que si d'abord nous faisons un acte de foi et d'obéissance à la volonté de Dieu : Fiat ! Nous ne pouvons parvenir à la gloire de Dieu avec Marie que dans la mesure où nous sommes doux et humbles de cœur. Car Dieu disperse les superbes. La moindre trace d'orgueil fait fuir l'Esprit Saint et attire au contraire l'esprit malin.

En nous confiant à la prière de Marie notre Mère, mettons en pratique l'exhortation de Paul aux Éphésiens : « *Ayez donc toutes les armes de Dieu, de façon à résister dans les jours difficiles et à défendre votre terrain par tous les moyens... Ne lâchez jamais le bouclier de la foi avec lequel vous éteindrez les flèches incendiaires du mauvais. Portez le casque du salut et l'épée de l'Esprit, c'est-à-dire la Parole de Dieu.*[13] »

---

13 Ephésiens 6, 13s

20ème dimanche du temps ordinaire

Jean 6, 51-58

2006

En ce dimanche nous poursuivons notre méditation du chapitre 6 de saint Jean. Cet enseignement du Seigneur sur le pain de vie va *crescendo*. C'est progressivement, comme par paliers, que le Seigneur révèle aux juifs le mystère de l'eucharistie. Nous sommes dans la dernière partie de cette révélation. Là le Seigneur n'hésite pas à se montrer réaliste, concret, en parlant de l'eucharistie :
« *Le pain que je donnerai, c'est ma chair, donnée pour que le monde ait la vie.* »
Face à une affirmation aussi claire, les auditeurs réagissent vivement. Ils discutent entre eux. D'autres traductions insistent sur leur division. Les paroles de Jésus sèment parmi eux la division :
« *Comment cet homme-là peut-il nous donner sa chair à manger ?* »
Dimanche dernier nous avons déjà entendu les juifs récriminer :
« *Comment peut-il dire : je suis descendu du ciel ?* »

Chaque fois les auditeurs de Jésus mettent en avant son humanité pour rejeter ses paroles. Cette fois ils pensent, même s'ils ne le disent pas, que Jésus les pousse au *cannibalisme*. Et cette accusation contre la doctrine catholique de l'eucharistie et son réalisme, nous la retrouvons tout au long de l'histoire.
Dans sa longue réponse, le Seigneur insiste, il ne fait pas marche arrière. Il insiste pour nous présenter l'eucharistie comme le sacrement de la vie éternelle. Ce qui est frappant dans la réponse de Jésus, c'est son insistance sur la nécessité de l'eucharistie pour entrer dans la vie éternelle. Ce sacrement est nécessaire, vital, essentiel pour un disciple du Christ.

De ce point de vue-là nous pourrions faire un parallèle entre le chapitre 3 et le chapitre 6 de saint Jean.
Je me contente ici de citer un verset de ce chapitre 3 :
« *Si l'on n'est pas né de l'eau et de l'Esprit, on ne peut pas entrer dans le Royaume de Dieu.* »
Nécessité du baptême d'un côté, nécessité de l'eucharistie de l'autre.
Ceci n'enlève rien à la possibilité de salut offerte aux non chrétiens. Mais pour ceux qui connaissent la révélation évangélique et qui ont foi en Jésus, les sacrements ne sont pas facultatifs, ils sont nécessaires.
Cette nécessité n'est pas d'ordre légal. Elle ne se comprend que dans la vie spirituelle, dans la vie mystique qui est celle de tout chrétien vivant son baptême :
« *Celui qui mange ma chair et boit mon sang demeure en moi, et moi je demeure en lui.* »

C'est un très beau verbe que ce verbe « demeurer ». Vous remarquerez que Jésus établit comme un va et vient spirituel. Par l'eucharistie nous demeurons en Lui, et Lui en nous. L'eucharistie permet cet échange d'amour, cette union spirituelle entre le chrétien et son Seigneur. Ce qui est d'ailleurs parfaitement exprimé par le mot « communion ».

L'Evangile de ce dimanche nous pousse cependant encore plus loin, encore plus haut faudrait-il dire... Si nous sommes unis au Christ dans l'eucharistie, alors nous sommes aussi unis au Père. L'eucharistie est comme le lieu d'aboutissement d'*une cascade de vie divine*. Cette cascade a sa source en Dieu notre Père, elle passe par le Fils, unique médiateur, pour nous rejoindre dans la faiblesse de notre condition humaine.

Dans la deuxième lecture, saint Paul nous invite à vivre pleinement de cette spiritualité eucharistique :
« *A tout moment et pour toutes choses, rendez grâce à Dieu le Père, au nom de notre Seigneur Jésus Christ.* »

21ᵉᵐᵉ dimanche du temps ordinaire

Jean 6, 60-69

2012

Nous terminons en ce dimanche notre lecture du chapitre 6 de l'évangile selon saint Jean. Ce chapitre commence avec la multiplication des pains et se poursuit en nous donnant à entendre l'enseignement de Jésus sur le pain de vie. La situation a radicalement changé entre le moment de la multiplication des pains et l'évangile de ce dimanche. Le Seigneur passe du succès à l'échec apparent. Souvenons-nous qu'après la multiplication des pains les foules avaient voulu faire de lui leur roi. C'est alors qu'il avait quitté les foules et s'était réfugié, tout seul, dans la montagne. Bref il avait refusé cette royauté de pacotille. Et voilà que maintenant beaucoup de ses disciples le quittent car ce qu'il dit est intolérable. D'autres traductions proposent : « ce langage est dur à accepter ». L'enseignement sur le sacrement de l'eucharistie a donc pour conséquence immédiate la défection de nombreux disciples. Après la multiplication des pains Jésus avait choisi la solitude pour fuir les foules. Maintenant ce sont les foules qui, en le quittant, l'isolent. Alors que l'eucharistie est le sacrement de l'unité des disciples, voilà que la doctrine sur le pain de vie les divise profondément. Pourquoi donc cette doctrine est-elle insupportable pour eux ? Tout simplement parce que spirituellement ils ne sont pas prêts à l'entendre et à la comprendre.

C'est le Seigneur lui-même qui nous donne le pourquoi du scandale causé par son enseignement : « C'est l'esprit qui fait vivre, la chair n'est capable de rien. Les paroles que je vous ai dites sont esprit et elles sont vie ». Les disciples qui sont choqués par l'annonce de l'eucharistie sont des hommes charnels. Chez saint Jean comme chez saint Paul la notion de « chair » est piégée. L'antagonisme entre l'esprit et la chair ne correspond pas à la dualité entre l'âme et le corps. La chair ce n'est pas simplement le corps. Cette notion désigne toutes les limites et les faiblesses de notre condition humaine, ce qui fait que nous sommes spontanément enclins à être les esclaves du péché, parce que marqués dans notre être par le péché originel. La chair c'est tout ce qui nous empêche de croire en Dieu, c'est comme un mur entre lui et nous. Dans sa deuxième lettre aux Corinthiens l'apôtre Paul illustre la différence entre l'ancienne et la nouvelle alliance en utilisant l'opposition entre la lettre et l'esprit, opposition très proche de celle qui existe entre la chair et l'esprit :
Notre capacité vient de Dieu : c'est lui qui nous a rendus capables d'être les ministres d'une Alliance nouvelle, une Alliance qui n'est pas celle de la lettre de la Loi, mais celle de l'Esprit du Dieu vivant ; car la lettre tue, mais l'Esprit donne la vie.
Déjà après la multiplication des pains Jésus avait reproché aux foules qui voulaient faire de lui leur roi leur attitude charnelle :

« Amen, amen, je vous le dis : vous me cherchez, non parce que vous avez vu des signes, mais parce que vous avez mangé du pain et que vous avez été rassasiés. Ne travaillez pas pour la nourriture qui se perd, mais pour la nourriture qui se garde jusque dans la vie éternelle, celle que vous donnera le Fils de l'homme, lui que Dieu, le Père, a marqué de son empreinte. »

Le départ de nombreux disciples choqués par les propos de leur Maître nous montre que l'attitude charnelle qui est la leur vient en fait d'un manque de foi. Le passage de l'homme charnel à l'homme spirituel est l'œuvre de Dieu. Seul le don du Père peut réaliser en nous cette transformation intérieure. Dès le début de son ministère le Seigneur avait enseigné cette vérité à Nicodème :

Amen, amen, je te le dis : personne, à moins de naître de l'eau et de l'Esprit, ne peut entrer dans le royaume de Dieu. Ce qui est né de la chair n'est que chair ; ce qui est né de l'Esprit est esprit.

Il est en effet impossible d'admettre la réalité de l'eucharistie et de la communion au corps du Christ sans la foi. C'est la foi qui nous fait comprendre l'enseignement du Christ de manière spirituelle. Compris de manière charnelle cet enseignement pourrait donner lieu à l'accusation de cannibalisme : « Celui qui mange ma chair et boit mon sang a la vie éternelle ». Oui, une interprétation littérale tue alors que les paroles de Jésus sont esprit et vie. Cela signifie que la chair à laquelle nous communions dans l'eucharistie c'est celle du Christ glorifié, ressuscité d'entre les morts. D'ailleurs Jésus fait allusion à cet événement unique, sa résurrection, qui changera totalement le sens de sa mort sur la croix : « Et quand vous verrez le Fils de l'homme monter là où il était auparavant… ». Les disciples qui quittent Jésus ne sont pas assez mûrs spirituellement pour accepter son langage. Qu'en est-il des Douze qui, parmi les disciples, sont les plus proches du Seigneur ? Remarquons que le Maître les laisse libres alors qu'il est de plus en plus seul et incompris : « Voulez-vous partir, vous aussi ? » Et voilà que Pierre, comme souvent, se fait le porte-parole des Douze : « Seigneur, vers qui pourrions-nous aller ? Tu as les paroles de la vie éternelle. Quant à nous, nous croyons, et nous savons que tu es le Saint, le Saint de Dieu ». Pierre, et les apôtres avec lui, n'ont certainement pas tout compris du discours du pain de vie. Peut-être eux aussi ont-ils été choqués par le réalisme des paroles sur la chair et le sang du Christ. Malgré cela ils gardent la foi. Ils font confiance à celui qui les a appelés pour être avec lui. Dans la magnifique exclamation de Pierre qui est comme un cri du cœur nous comprenons la différence essentielle entre les disciples qui sont partis et les apôtres qui demeurent auprès de leur maître. Eux, et eux seuls, ont compris le caractère unique de la personne de Jésus. Il est irremplaçable. D'où ce cri du cœur : « Vers qui pourrions-nous aller ? » Les foules qui après avoir admiré Jésus l'ont quitté le considéraient comme un grand prophète faiseur de miracles, un roi potentiel pour la nation d'Israël. Pierre et les apôtres voient en lui cet homme unique qui leur ouvre les portes du Royaume de Dieu dès ici-bas et pour l'éternité. C'est cela la véritable foi : reconnaître qu'en dehors de Jésus nous n'avons aucun Sauveur de « rechange ». Car Lui seul est le chemin, la vérité et la vie. Si nous avons cette grâce de croire à la manière de Pierre, alors nous n'avons plus rien à craindre. Lorsque la tempête du doute donnera son assaut ou bien lorsque Jésus nous semblera absent et lointain, nous garderons au plus profond de nous-mêmes cette certitude lumineuse : il est unique et irremplaçable. Cette foi forte, don de Dieu, s'enracine dans une expérience de vie : celui qui a connu vraiment le Christ en esprit et en vérité ne peut plus s'en détacher. En ce sens-là il est donc impossible de perdre la foi.

22ème dimanche du temps ordinaire

Marc 7, 1-8.14-15.21-23

2003

Dans l'évangile de ce dimanche nous sommes les témoins d'un débat houleux, d'une querelle opposant les pharisiens et les scribes à Jésus. Spontanément nous nous sentons vraiment étrangers par rapport à ce débat. Nous avons l'impression que cet évangile nous transporte dans une vieille histoire, en tout cas dans quelque chose du passé qui ne nous concerne plus guère 2000 ans après. Or nous savons bien que la Parole de Dieu a toujours quelque chose à nous dire : elle est toujours actuelle si nous nous donnons la peine de la méditer et de l'appliquer à notre situation d'aujourd'hui. Avant de tenter cette actualisation comprenons bien le point de départ du débat en question : comme souvent dans les évangiles les pharisiens et les scribes s'approchent de Jésus pour lui poser une question. « Pourquoi tes disciples ne suivent-ils pas la tradition des anciens ? Ils prennent leur repas sans s'être lavé les mains ». Derrière cette question nous devinons le reproche à peine voilé. Notre Seigneur est venu pour accomplir la Loi, pour la porter à son achèvement et à sa perfection. Et la perfection de la Loi se trouve résumée dans le double commandement de l'amour : envers Dieu et envers le prochain. Cette perfection de la loi évangélique va de pair avec une simplification, une unification de la vie religieuse. C'est pour cela que l'attitude des disciples apparaît comme nouvelle, comme sacrilège aux yeux de ceux qui se considèrent comme les gardiens des traditions religieuses. La liberté des disciples par rapport aux détails humains de la Loi juive ne pouvait que les énerver et les choquer. Nous serions tentés de rire en constatant qu'à partir d'une histoire de mains non lavées les esprits s'échauffent aussi rapidement que cela… Faisons plutôt comme le Christ : élevons le débat à un niveau supérieur, à un niveau où nous pouvons enfin nous sentir concernés de près par cette parole de Dieu. Pour cela je vous propose deux thèmes de réflexion. Le premier autour de la notion de Tradition. Le second autour de la notion d'impureté.

La notion de Tradition a toujours suscité des débats passionnés, encore aujourd'hui chez les catholiques puisque nous avons dans notre Eglise un courant nommé « traditionnaliste ». Les adversaires de Jésus ne cessent de se référer à la tradition des anciens. On a un peu l'impression que dans leur esprit la religion et la foi sont une forme d'attachement au passé. En citant Isaïe, un prophète, Jésus vient leur rappeler ce qui est au cœur de toute démarche religieuse authentique : ma relation au Dieu Vivant aujourd'hui ! La religion n'est pas essentiellement une série de rites extérieurs. En tout cas elle n'est pas un ritualisme hypocrite. Elle implique le cœur, l'intériorité. Jésus fait en quelque sorte le ménage dans sa propre religion en distinguant nettement la tradition des hommes du commandement de Dieu. Et il renvoie le reproche à la figure de ses contradicteurs. Ils ont tout simplement oublié qu'il existe une hiérarchie des préceptes entre eux et qu'on ne peut pas mettre sur le même plan le lavement des mains et le secours apporté aux orphelins et aux veuves par exemple. Et il se peut bien que cet oubli soit volontaire... Car il est plus facile, moins exigeant de vivre une religion tout extérieure que de s'impliquer avec son cœur dans la relation à Dieu. Ou pour le dire autrement le légalisme demande moins d'efforts que la conversion. Il apporte aussi beaucoup moins de joie et de paix, il faut bien l'avouer.

La seconde notion est celle d'impureté et de pureté. Là encore Jésus veut faire faire à ses auditeurs un passage radical de l'impureté légale à l'impureté morale. Je peux me laver les mains dix fois par jour, bien méticuleusement, mais si en même temps je suis méchant ou calomniateur je n'en serai pas pour autant purifié. Cela ne me sert à rien. Encore une fois Notre Seigneur nous ramène au lieu véritable de toute vie religieuse et spirituelle : le cœur. « Ce peuple m'honore des lèvres, mais son cœur est loin de moi ». C'était la citation d'Isaïe. « C'est du dedans, du cœur de l'homme que sortent les pensées perverses... ». Donc c'est de notre cœur que vient la véritable impureté et avec elle le péché. Cet évangile est un appel pressant à la conversion : Dieu ne veut pas d'une religion de façade ni de croyants hypocrites. Il veut notre cœur, notre amour. Il n'a qu'un désir : c'est que notre amour pour Lui se traduise toujours davantage en amour du prochain.
« Heureux les cœurs purs, car ils verront Dieu ».
« Tout est pur pour ceux qui sont purs » (Tite 1, 15).

23ème dimanche du temps ordinaire

Marc 7, 31-37

2012

Tout au long de l'été, de dimanche en dimanche, nous avons médité sur l'eucharistie en lisant le chapitre 6 de saint Jean. Depuis dimanche dernier la liturgie nous fait entendre à nouveau l'évangile selon saint Marc. Aujourd'hui Jésus guérit un sourd-muet. Cette guérison a été interprétée tout au long de l'histoire de l'Eglise de manière spirituelle. Jésus est celui qui nous permet d'écouter la Parole de Dieu et d'annoncer la bonne nouvelle. Jésus, en nous faisant le don de sa vie et le don de la foi, nous permet de prier Dieu notre Père et de chanter ses louanges. Ce n'est pas sur cet aspect du récit que j'insisterai en ce dimanche. Marc note que cette guérison a été accomplie « en plein territoire de la Décapole », donc en dehors d'Israël. En plus notre récit est précédé par celui de la guérison d'une petite fille étrangère. Le sourd-muet de notre Evangile est très probablement un païen lui aussi, un étranger, et pourtant Jésus le guérit. Cela nous semble tout à fait naturel après 2000 ans de christianisme. Cette attitude du Seigneur est pourtant annonciatrice d'une nouvelle manière de vivre et de comprendre le judaïsme, manière qui deviendra le christianisme en grande partie grâce à l'apôtre Paul. La notion de peuple élu est ambigüe dans la mesure où elle pouvait être mal comprise. Dans le projet de Dieu se choisir un peuple ne voulait pas dire exclure les autres. Certains passages de l'Ancien Testament montrent en effet la dimension universelle de la mission confiée à ce petit peuple, choisi par Dieu non pas parce qu'il était meilleur que les autres, mais par pure grâce. A certains moments de son histoire Israël n'a pas vécu sa mission selon le plan de Dieu. Le peuple élu a ainsi été tenté par l'orgueil religieux et nationaliste et a fini par bien souvent mépriser les autres, c'est-à-dire les païens. En guérissant le sourd-muet Jésus renverse donc une barrière, un mur entre les Juifs et les païens.

Cela m'amène à faire un lien avec la deuxième lecture. Saint Jacques est le témoin d'autres barrières, cette fois au sein de la première Eglise. Non plus un mur entre les races et les religions, mais un mur entre les pauvres et les riches. Le Seigneur Jésus n'a cessé d'enseigner à ses disciples qu'ils étaient tous frères, jouissant de la même dignité d'enfants de Dieu dans l'Eglise. Mais c'est bien une tendance humaine que de vouloir séparer, diviser, plutôt que d'unir et de rassembler. Saint Jacques critique vivement ceux qui oublient la fraternité dans la communauté et qui, en raison de considérations de personnes, créent différentes classes de chrétien, ici en fonction de la richesse. Il n'est pas si éloigné que cela le temps où dans l'Eglise de France il y avait des enterrements de première classe et de deuxième classe comme dans le TGV il y a la première classe et la seconde… Les catholiques qui avaient les moyens pouvaient ainsi payer pour leurs défunts un enterrement de première classe ! Le

concile Vatican II avait bien conscience de ce problème puisqu'il l'aborde dans la constitution sur la liturgie en ramenant la pratique de l'Eglise à l'idéal évangélique :
« Dans la liturgie, en dehors de la distinction qui découle de la fonction liturgique de l'ordre sacré, et en dehors des honneurs dus aux autorités civiles conformément aux lois liturgiques, on ne fera aucunement acception des personnes privées ou du rang social, soit dans les cérémonies soit dans les pompes extérieures. »
Si saint Jacques veut rectifier de mauvaises attitudes dans la communauté, c'est saint Paul, l'apôtre des païens, qui a le mieux exprimé dans ses lettres le fondement théologique d'une Eglise comprise comme une société sans classes. Je me limiterai à citer ici deux passages qui sont très proches, le premier dans la lettre aux Galates, le second dans celle aux Colossiens :
« Vous tous que le baptême a unis au Christ, vous avez revêtu le Christ ; il n'y a plus ni juif ni païen, il n'y a plus ni esclave ni homme libre, il n'y a plus l'homme et la femme, car tous, vous ne faites plus qu'un dans le Christ Jésus. »
« Revêtez l'homme nouveau, celui que le Créateur refait toujours neuf à son image pour le conduire à la vraie connaissance. Alors, il n'y a plus de Grec et de Juif, d'Israélite et de païen, il n'y a pas de barbare, de sauvage, d'esclave, d'homme libre, il n'y a que le Christ : en tous, il est tout. » C'est bien le Christ, et lui seul, qui est le principe de notre unité et donc de notre fraternité.

24ᵉᵐᵉ dimanche du temps ordinaire

Marc 8, 27-35
2012

La profession de foi de Pierre est au centre de l'évangile selon saint Marc. C'est donc une étape décisive dans le ministère public du Seigneur Jésus. Cet événement est bien plus qu'une simple profession de foi. Il pose en effet la question de l'identité de Jésus. Et c'est le Seigneur lui-même qui provoque cette question en commençant par un sondage d'opinion auprès de ses disciples : « Pour les gens, qui suis-je ? » Nous comprenons immédiatement que la question importante n'est pas la première. Cette question de type sondage est tellement générale qu'elle n'engage pas. Or la profession de foi chrétienne est toujours un engagement personnel parce qu'elle suppose la suite du Christ. Le disciple ce n'est pas seulement celui qui affirme des choses vraies sur son maître mais c'est celui qui le suit, celui qui s'efforce de l'imiter. D'où la seconde question, beaucoup plus personnelle : « Et vous, que dites-vous ? Pour vous, qui suis-je ? » La réponse de Pierre, « tu es le Messie », est juste. Mais la suite du récit nous montre qu'il a encore besoin de se convertir car ses pensées ne sont pas celles de Dieu mais celles des hommes. En tant que croyants nous pouvons en effet affirmer des choses vraies sur Dieu, conformes au catéchisme, et ne pas être fidèles au Christ dans notre vie. Etre chrétien c'est en effet marcher derrière le Christ dans son mystère de mort et de résurrection. Ou pour le dire autrement notre engagement personnel est tout aussi important que notre profession de foi.

Il est remarquable que dans l'évangile de Marc le Seigneur ne commente pas la bonne réponse du premier de ses apôtres si ce n'est pour interdire à ses disciples de propager cette réponse ! « Il leur défendit alors vivement de parler de lui à personne ». Consigne surprenante puisque la mission même des apôtres c'est d'annoncer le Nom de Jésus Sauveur. Ce secret messianique, comme le nomment les spécialistes de saint Marc, est valable pour un temps, celui qui précède la Passion, la mort et la résurrection du Christ. Après Pâques et la Pentecôte les disciples pourront proclamer que Jésus est le Messie. Si d'un côté le Seigneur interdit que l'on parle de lui comme Messie, de l'autre il leur annonce « ouvertement » les souffrances et la mort qu'il devra bientôt endurer. Jésus, nous le savons, vient accomplir tout l'Ancien Testament. Et aussi par conséquent les prophéties d'Isaïe sur le serviteur souffrant du Seigneur. Notre première lecture nous en a donné un extrait. Jésus connaît bien ses apôtres et il connaît ce qu'il y a dans le cœur de l'homme en général. Il sait qu'ils n'ont retenu de la figure du Messie que l'aspect triomphant et glorieux. Il sait que le cœur de l'homme répugne naturellement à la souffrance et à l'humiliation. C'est la raison pour laquelle il met d'abord en avant l'aspect tragique de sa mission. Pour qu'il n'y ait pas d'équivoque sur son identité de Messie. Il sera d'abord un Messie souffrant et humilié pour ensuite entrer dans sa gloire de Fils de Dieu et de Sauveur.

C'est pour cela que la belle profession de foi de Pierre n'est pas suffisante si elle n'est pas suivie de son engagement à la suite de son Maître. Ce n'est pas avec notre raison que nous sommes capables d'accepter ce mystère de souffrance et de mort. Mais c'est en « perdant » notre vie pour le Christ et pour l'Evangile. Seule la logique du don de nous-mêmes peut nous faire découvrir la fécondité cachée de ce qui semble intolérable : un Messie crucifié. Jésus ne nous demande pas d'aimer la souffrance ou de la rechercher. Par son exemple il nous enseigne que le chemin qui conduit à la vie en plénitude comporte inévitablement cette dimension de l'échec, de la finitude et finalement de la mort. La vraie liberté nous permet d'assumer tout cela en communion avec le Christ. Seule la grâce du Christ peut nous apprendre à nous détacher de notre vie pour en faire un don jour après jour. Notre amour passionné de la vie est bon dans la mesure où il comprend que nos petites morts quotidiennes peuvent devenir semences de vie.

25ème dimanche du temps ordinaire

Marc 9, 30-37

2012

Dimanche dernier nous avons entendu la profession de foi de Pierre. Et c'est à l'occasion de cette profession de foi que Jésus a révélé pour la première fois à ses disciples le destin tragique qui l'attend à Jérusalem. Et voilà qu'il recommence à leur donner cet enseignement. Il le fait dans le secret de l'intimité qui est celle existant entre le Maître et ceux qu'il a choisis pour être ses collaborateurs dans l'annonce de l'Evangile. Déjà Pierre, le premier parmi les Douze, s'était révolté contre l'annonce de la Passion et de la mort du Christ. Les intimes de Jésus ne comprennent toujours pas la signification de cette annonce. C'est seulement après la Pentecôte, avec l'aide de l'Esprit Saint, que leurs cœurs et leur intelligence pourront s'ouvrir et recevoir la lumière de Pâques. Pour le moment la perspective évoquée par le Christ les paralyse si bien qu'ils ont même peur de l'interroger sur ce point.

Pierre s'était déjà fait reprocher de penser de manière trop humaine. C'est-à-dire d'une manière qui ignore la lumière de la foi. Cette fois ce sont tous les disciples qui vont se retrouver dans cette situation car ils ont discuté entre eux pour savoir qui était le plus grand. Jésus le sait. Et à la question qu'il leur pose ils ne répondent pas. Leur silence est celui de la honte. Ils ont bien conscience que leurs pensées ne sont pas à la hauteur de l'enseignement de Jésus. Ils ressemblent à des enfants se sentant coupables d'avoir mal agi, remplis de honte devant leurs parents. Dans l'histoire de notre humanité le désir d'être grand a été le moteur puissant de bien des aventures politiques et militaires, sans parler de la gloire recherchée par certains artistes ou certains scientifiques, sans oublier non plus le domaine de la compétition sportive. Ce désir est inscrit au plus profond de notre nature humaine. Jésus ne vient pas le détruire, il vient l'orienter pour nous éviter de tomber dans le grand péché d'orgueil. En christianisme nous savons bien que la véritable grandeur c'est la sainteté, c'est notre condition de baptisés et de fils de Dieu. Où se situe la différence essentielle entre les grandeurs humaines et la grandeur évangélique ? Probablement dans le fait que la grandeur évangélique n'est pas d'abord une conquête de l'homme mais un don de Dieu, une grâce. Naturellement nous sommes incapables, comme les apôtres, d'accepter ce renversement des valeurs humaines opéré par l'Evangile : « Si quelqu'un veut être le premier, qu'il soit le dernier de tous et le serviteur de tous ». Cela nous rappelle de nombreux autres passages des Evangiles : « Qui s'abaisse sera élevé », par exemple. Cela nous rappelle surtout un geste symbolique fait par le Christ lui-même à la veille de sa mort : le lavement des pieds. Une fois de plus Pierre refusera dans un premier temps que son Maître s'abaisse devant lui afin de lui laver les pieds. En enseignant à ses disciples la grandeur du service Jésus leur donne un moyen concret de comprendre et d'accepter ce qu'il leur annonce : sa Passion et sa mort. En changeant peu à peu de mentalité, en comprenant leur mission d'abord comme un humble service, ils comprendront aussi que l'abaissement de Jésus dans sa Passion et dans sa mort est en fait son élévation, sa véritable gloire, puisqu'à ce moment-là il est le parfait serviteur de Dieu et du salut des hommes. Pour reprendre une belle expression du cardinal Ratzinger les évêques et les prêtres sont les serviteurs de la joie des hommes. La grandeur évangélique, en nous préservant du poison de l'orgueil et du carriérisme, nous fait vivre de la vraie joie et nous donne une paix profonde. Nous nous rendons alors compte par expérience que chaque fois que nous servons dans l'esprit de Jésus nous recevons sa joie. C'est en désirant le bien et le bonheur des autres, c'est en agissant dans ce sens, que nous sommes comblés de joie. La grandeur évangélique comporte toujours une participation à la croix du Christ mais aussi à sa joie.

26ème dimanche du temps ordinaire

Marc 9, 38-43.45.47-48

2012

L'Evangile de ce dimanche nous présente trois enseignements du Seigneur Jésus. Le premier est donné à partir d'une réflexion de Jean. Un homme chasse des esprits mauvais au nom de Jésus mais il ne fait pas partie du groupe des disciples : « Nous avons voulu l'en empêcher ». La réponse du Maître à son disciple est toujours d'actualité. Elle nous rappelle que si Dieu agit dans et par son Eglise, son action et bien sûr sa présence dépassent les frontières de l'Eglise catholique. L'Esprit de Dieu est libre d'agir comme il le veut et quand il le veut : « Le vent souffle où il veut et tu entends sa voix, mais tu ne sais pas d'où il vient ni où il va : c'est la même chose pour celui qui est né de l'Esprit ». En tant que catholiques nous ne sommes pas les propriétaires exclusifs de Dieu ni les propriétaires de sa grâce et de sa vérité. Nous sommes plutôt les serviteurs de son projet d'amour et de réconciliation pour tous les hommes. Ainsi le qualificatif de *catholique* a deux sens que nous devons nous garder de séparer. Le catholique c'est bien celui qui a reçu la plénitude de la révélation divine, donc la vérité sur Dieu et sur l'homme. Et en même temps c'est celui qui est ouvert à l'universel : il sait que le Christ ressuscité, par son Esprit, permet à des non-catholiques de participer à la vérité et à la grâce divines. Au lieu d'en être jaloux, il s'en réjouit.

Le deuxième enseignement sur le don du verre d'eau nous rappelle la solidarité qui doit exister entre chrétiens. Nous sommes les membres d'un même corps. Cette solidarité, comme l'exemple du verre d'eau nous le montre, ne consiste pas forcément à faire des choses extraordinaires. Elle nous invite jour après jours à être attentifs les uns aux autres et à savoir reconnaître dans tout chrétien une image du Christ lui-même. Cela n'est pas une tache facile car nous sommes parfois très différents les uns des autres, et cela pour de multiples raisons. C'est dans la famille, la petite Eglise, que cet apprentissage doit commencer pour s'étendre ensuite au corps de toute l'Eglise en passant par la communauté paroissiale. En notre temps il est une solidarité que nous ne devons pas oublier, celle avec les chrétiens d'Orient qui vivent dans des conditions difficiles et sont parfois persécutés à cause de leur foi. Nous pouvons exercer notre solidarité par des organismes comme *L'œuvre d'Orient* ou encore *L'Aide à l'Eglise en détresse*.

Le troisième enseignement est sévère et il concerne le scandale ainsi que ce qui nous conduit au péché. Il y a bien des manières d'entraîner la chute d'un de nos frères dans la foi. Mais bien souvent c'est à cause de notre manque de charité envers le prochain que nous pouvons donner un contre-témoignage. Nous sommes en quelque sorte les porteurs de Dieu, d'où l'importance de nos paroles et de nos actions. Il est nécessaire de demander au Seigneur cette grâce de pouvoir refléter autour de nous sa bonté et sa miséricorde tout en témoignant de sa vérité. « Si ta main t'entraîne au péché, coupe-la... ». Bien sûr Jésus ne nous invite pas à l'automutilation. Derrière ces images comprenons bien l'essentiel. Il est important de nous connaître, de savoir où se trouvent nos faiblesses, nos tentations. Et ensuite de nous séparer ou de nous éloigner de ce qui nous entraîne à commettre le mal. C'est cela couper sa main, son pied ou arracher son œil. Heureusement nous pouvons toujours compter sur la miséricorde du Seigneur quand nous regrettons sincèrement nos péchés. Nous pouvons recevoir cette miséricorde dans le sacrement de la confession et du pardon. Nos fautes peuvent donc être l'occasion pour nous de progresser spirituellement. Elles nous aident à mieux nous connaître ainsi que nos points faibles. C'est à l'Esprit Saint que nous pouvons demander avec confiance la force et le courage nécessaires pour nous séparer de ce qui nous entraîne dans la tentation. Par-dessus-tout c'est en étant des chrétiens unis à Jésus par la prière et les sacrements que nous garderons toujours vivante en nous l'espérance de devenir meilleurs.

27ᵉᵐᵉ dimanche du temps ordinaire

Marc 10, 2-16

2009

Dans l'Evangile de ce dimanche, Notre Seigneur affirme avec fermeté *le caractère indissoluble de l'union de l'homme et de la femme dans le mariage*. Et il n'hésite pas à voir dans la répudiation de la femme par son mari, permise dans la loi de Moïse, une concession à l'endurcissement du cœur du peuple. Cette possibilité de renvoyer sa femme est en quelque sorte un moindre mal, une loi qui permet de mettre un peu d'ordre au sein d'un peuple pécheur. L'acte de répudiation, document officiel, est là pour limiter la casse... Cette loi de Moïse est réaliste : elle s'adapte à la faiblesse humaine tout en essayant de limiter au maximum les conséquences du péché, même si ce droit de répudiation ne concerne que le mari... et est donc à sens unique, au mépris de l'égale dignité entre les conjoints. *La vérité est cependant à rechercher ailleurs : Au commencement, dans le projet créateur de Dieu.*

Les traditions religieuses et philosophiques ont souvent bien des points communs pour tenter d'expliquer le mystère des origines et celui de l'apparition du mal. Les trois premiers chapitres du livre de la Genèse, le premier de toute la Bible, sont fondateurs. Notons *la différence entre le premier récit de création et le second*, notre première lecture. Dans le premier récit l'homme et la femme sont créés en même temps, au terme d'un processus durant symboliquement six jours. Ils sont ensemble le sommet de l'œuvre créatrice de Dieu, ils participent à la royauté de Dieu sur sa création. Dans le second récit, le notre, l'homme apparaît au début de la création, puis les animaux, et enfin la femme. Si, comme je le disais, les traditions religieuses et philosophiques ont bien des points communs entre elles, ici *la tradition juive est originale par rapport à l'explication donnée plus tard par Platon.* Pour le philosophe grec il y avait à l'origine non seulement des hommes, des femmes mais aussi des androgynes, donc un être humain total possédant en lui les capacités de l'homme et de la femme. Et c'est pour punir les humains de leur orgueil que Zeus les coupa en deux. Dans la vision de Platon l'humanité en ses origines était parfaite. Et la différenciation de l'androgyne en homme et femme est un châtiment. Dans notre récit biblique l'homme ne se suffit pas à lui-même car il n'est pas fait pour la solitude mais bien pour la relation et la communion. Il ne peut pas représenter à lui tout seul la perfection divine. Le créateur, de manière naïve, est un Dieu en recherche de la solution la meilleure, il tâtonne pour trouver une aide qui correspondra à l'homme, et il crée dans ce but les animaux. Mais devant l'insatisfaction de l'homme, il revoit sa copie et pense à la création de la femme ! Le récit, toujours naïf, nous montre un Dieu plein de délicatesse, qui anesthésie l'homme avant de pratiquer sur lui une opération chirurgicale. Il fait même des points de suture après le prélèvement de la chair du côté d'Adam... Certains ont vu dans ce récit l'origine de l'inégalité entre l'homme et la femme, cette dernière venant justement en dernier ! Or la femme est faite à partir de la chair d'Adam, elle a donc logiquement la même nature humaine que lui. Ce n'est pas parce qu'elle vient après qu'elle est inférieure, tout comme les enfants ne sont pas d'une autre nature que leurs parents, parce qu'ils sont plus jeunes qu'eux ! Et d'ailleurs le cri de joie de l'homme est éloquent... En salle de réveil, émergeant de son sommeil, il aperçoit la première femme et s'exclame : « Voici l'os de mes os et la chair de ma chair ! » Le vis-à-vis de l'homme et de la femme, cette différenciation au sein d'une même humanité, n'est pas un châtiment mais une bénédiction. C'est la femme qui vient sortir l'homme de la somnolence de la solitude. C'est en cela qu'elle est l'aide qui lui correspond.

« A cause de cela, l'homme quittera son père et sa mère, il s'attachera à sa femme, et tous deux ne feront plus qu'un. » L'androgyne de Platon coupé en deux par Zeus recherche dans le désir amoureux son autre moitié, autant dire qu'il se recherche lui-même. Dans la Genèse la femme est à la fois semblable et différente de l'homme. Les animaux, eux, n'étaient que différence. C'est cette ressemblance dans la différence qui fonde le mariage comme union de l'homme et de la femme. Ne faire plus qu'un avec l'autre, la communion d'amour, correspond à notre recherche du bonheur. Cette recherche de la communion ne se vit pas seulement dans le mariage mais aussi dans les relations humaines (famille, amis etc.) et bien sûr dans notre relation avec Dieu. Mais le mariage en est une expression particulièrement forte puisque l'homme et la femme ne font qu'un non seulement par l'union des cœurs et des esprits mais aussi par l'union des corps. Le bonheur qui vient de cette union sera d'autant plus intense et fort que la relation sera vécue comme don de soi à l'autre, recherche du bien de l'autre. S'il y a tant d'échecs dans la fidélité au lien sacré du mariage, ne serait-ce pas tout simplement parce que l'on se cherche soi-même dans l'autre ? Et que l'on fait passer sa satisfaction personnelle avant le bonheur de l'autre ?

28ème dimanche du temps ordinaire

Marc 10, 17-30

2009

En ce dimanche la Parole de Dieu nous parle de ce qui est bon pour nous. La première lecture fait l'éloge de la Sagesse de Dieu. L'Evangile nous montre un homme qui désire la vie éternelle. Et Jésus n'y va pas par quatre chemins : « *Personne n'est bon, sinon Dieu seul.* » Nous voilà bien prévenus : notre béatitude, notre bien véritable consiste à connaître et à aimer Dieu. Et pour ce faire nous n'avons pas d'autre chemin que le Christ, c'est Lui que nous devons suivre si nous voulons vraiment connaître le bonheur des enfants de Dieu. Mais sur ce chemin nous nous heurtons à bien des obstacles et même à des déviations… L'homme appelé par le Christ, un saint homme, « devint sombre et s'en alla tout triste, car il avait de grands biens. » C'est l'occasion pour nous de réfléchir aux différents biens que nous connaissons dans notre vie afin d'y voir plus clair, afin de toujours préférer la Sagesse de Dieu… Il y a tout d'abord les biens matériels qui ne se limitent pas à l'argent même si c'est l'argent qui nous permet de les acquérir et de les conserver. Jésus cite la maison, la propriété d'un terrain. Il y a ensuite les biens culturels : livres, musique, cinéma, beaux-arts, voyages etc. Ces biens nourrissent notre intelligence, notre désir de connaître et notre sens de la beauté. Ils sont rarement gratuits mis à part certains monuments publics de nos villes et villages.

Il y a enfin les biens spirituels, ceux qui nourrissent l'âme et la vie de Dieu en nous. Parmi ces biens les sacrements de l'Eglise catholique, mais aussi la prière, la méditation de la Parole de Dieu, une retraite spirituelle, une session de formation, un pèlerinage etc. Les biens spirituels qui nous viennent de Dieu par le Christ, comme les sacrements, sont eux toujours gratuits. La question fondamentale de notre vie est la suivante : *comment, dans ma recherche du bonheur, je donne la priorité aux biens spirituels sur les autres ?* Le chrétien ne nie pas la valeur des biens matériels, encore moins celle des biens culturels. Mais il essaie de mettre de l'ordre dans sa vie. La difficulté pour nous est d'établir cette hiérarchie des biens. Et pour le faire, nous devons être profondément convaincus, non seulement par notre intelligence mais par notre expérience de la foi, que Dieu seul est le bien véritable, celui qui ne déçoit jamais. La Parole de Dieu nous met aujourd'hui en garde contre le pouvoir tyrannique des biens matériels, contre l'esclavage dans lequel le dieu argent maintient tant d'êtres humains de par le monde entier. Ecoutons l'apôtre Paul dans sa première lettre à Timothée, il nous parle…

05 de gens à l'esprit corrompu, qui, coupés de la vérité, ne voient dans la religion qu'une source de profit.

06 Certes, il y a un grand profit dans la religion si l'on se contente de ce que l'on a.

07 De même que nous n'avons rien apporté dans ce monde, nous ne pourrons rien emporter.

08 Si nous avons de quoi manger et nous habiller, sachons nous en contenter.

09 Ceux qui veulent s'enrichir tombent dans le piège de la tentation ; ils se laissent prendre par une foule de désirs absurdes et dangereux, qui précipitent les gens dans la ruine et la perdition.

10 Car la racine de tous les maux, c'est l'amour de l'argent. Pour s'y être livrés, certains se sont égarés loin de la foi et se sont infligé à eux-mêmes des tourments sans nombre.

Suivre le Christ aujourd'hui, c'est résister à l'illusion de trouver notre bonheur dans toujours plus de consommation, dans l'accumulation de toujours plus de biens matériels. Le défi pour nous en Europe, c'est d'adopter un nouveau mode de vie et de remettre à la première place les biens de l'esprit et du cœur. Nous, les chrétiens, nous devrions pouvoir témoigner de la joie que nous apporte *ce nouveau mode de vie fait de simplicité et de partage* avec ceux qui n'ont même pas le nécessaire pour vivre. La crise économique que nous traversons n'est pas d'abord financière. Elle est le signe d'un homme dont le cœur est malade, d'un homme qui a fait de l'argent et du profit sans scrupule son dieu et son but. Nous voyons ce qui se passe lorsque nous nous laissons gouverner par les biens matériels et par l'argent : l'homme devient secondaire, il est mis de côté au profit du système, au nom de la rentabilité : toujours plus, toujours plus vite ! C'est le monde à l'envers : l'argent est personnifié et l'homme devient un objet comme un autre. Un économiste américain, Woody Tasch, fait l'éloge de la lenteur, donc de la Sagesse. Il compare la perversion de la finance à celle de l'agro-industrie : « *L'agriculture industrielle considère le sol comme un support pour des plantes que l'on gave de substances chimiques synthétiques de manière à en optimiser le rendement. Pour la finance industrielle, les entreprises sont un support permettant le gavage des capitaux et la maximisation du rendement.* » Le culte fou de l'argent rapide a même enlevé à l'homme la dignité de son travail, avec les conséquences que l'on connaît : stress, démotivation, déprime et même suicide. Tasch propose *la sagesse de la lenteur* : « *Si l'on utilise l'argent comme un engrais de synthèse, on obtiendra une croissance artificielle qui ne peut durer qu'un moment et qui n'a pas de relation durable avec la terre. Si l'on utilise l'argent comme du fumier, on aura peut-être une chance de mettre en place une économie fondée sur des relations saines et durables. On peut créer une nouvelle sorte d'investisseurs qui refuseront d'accepter des rendements artificiels. »* Renoncer à la quantité et au court-terme, ne pourra se faire que si nous prenons comme maîtresse et guide la Sagesse de Dieu. Avec elle, nous ne pouvons plus dire de manière cynique : « après moi le déluge ! » C'est elle qui nous apprend que les grandes et bonnes choses doivent se construire dans la durée. C'est elle qui nous oriente vers la source de notre bonheur véritable : Dieu Trinité.

29ème dimanche du temps ordinaire

Marc 10, 35-45

2012

L'Evangile de ce dimanche nous parle du Royaume des cieux et du chemin pour y parvenir. Tout part d'une demande des apôtres Jacques et Jean alors que Jésus vient d'annoncer pour la troisième fois sa mort sur le bois de la croix. « Accorde-nous de siéger, l'un à ta droite et l'autre à ta gauche, dans ta gloire ». Il semble bien que Jacques et Jean aient une conception bien trop humaine du paradis. Leur désir correspond en fait à la mentalité courante de leur temps, tellement courante que Jésus lui-même utilise ce vocabulaire dans l'Evangile selon saint Matthieu : Jésus leur déclara : « Amen, je vous le dis : quand viendra le monde nouveau, et que le Fils de l'homme siégera sur son trône de gloire, vous qui m'avez suivi, vous siégerez vous-mêmes sur douze trônes pour juger les douze tribus d'Israël. Dimanche dernier Jésus nous avait déjà parlé de la vie éternelle : « Amen, je vous le dis : personne n'aura quitté, à cause de moi et de l'Évangile, une maison, des frères, des sœurs, une mère, un père, des enfants ou une terre, sans qu'il reçoive, en ce temps déjà, le centuple : maisons, frères, sœurs, mères, enfants et terres, avec des persécutions, et, dans le monde à venir, la vie éternelle. Beaucoup de premiers seront derniers, et les derniers seront les premiers. »

Contrairement à Jacques et Jean nous bénéficions de toute la richesse de la tradition chrétienne et nous savons que le paradis ne consiste pas à avoir une place privilégiée ou d'honneur auprès du Christ dans sa gloire. Le Royaume des cieux n'est pas la reproduction des royaumes de cette terre. Il ne s'inspire pas des règles de préséance dans les grandes réceptions données par les puissants de ce monde ou encore des podiums olympiques. En tant que chrétiens nous ne demandons pas au Christ notre Maître un fauteuil confortable à sa droite ou à sa gauche. Nous lui demandons de vivre en communion avec lui, dès ici-bas et pour toujours dans la vie éternelle. Il faudrait se représenter le paradis comme un lieu avec de l'espace et donc des distances pour imaginer que certains pourraient avoir une place privilégiée par rapport à d'autres. Le paradis n'est pas un lieu, il est un état. Dans l'état de la béatitude nous n'aurons plus un corps tel que le nôtre, un corps qui se situe dans l'espace, mais un corps ressuscité et glorieux, d'où l'inutilité des fauteuils et des premiers rangs… Dans l'Evangile selon saint Jean le Seigneur nous donne une représentation plus juste parce que plus spirituelle de notre vocation à la béatitude : Dans la maison de mon Père, beaucoup peuvent trouver leur demeure ; sinon, est-ce que je vous aurais dit : Je pars vous préparer une place ? Quand je serai allé vous la préparer, je reviendrai vous prendre avec moi ; et là où je suis, vous y serez aussi… Père, ceux que tu m'as donnés, je veux que là où je suis, eux aussi soient avec moi, et qu'ils contemplent ma gloire, celle que tu m'as donnée parce que tu m'as aimé avant même la création du monde. Le Paradis, c'est donc tout simplement être avec Jésus dans la gloire de la Sainte Trinité. Souvenons-nous de la promesse du Christ en croix au bon larron : « Aujourd'hui même tu seras avec moi dans le paradis ». Le chemin qui nous mène à cet accomplissement de notre vie humaine et de notre vie de baptisés n'est pas celui de la gloire humaine.

Vous le savez : ceux que l'on regarde comme chefs des nations païennes commandent en maîtres ; les grands leur font sentir leur pouvoir. Parmi vous, il ne doit pas en être ainsi. Si notre idéal de vie consiste à exercer une domination sur les autres ou encore à avoir un grand pouvoir, il est logique que nous ayons une vision du paradis bien trop humaine. Un paradis où nous pourrions fanfaronner aux côtés de Jésus et juger les impies et les pécheurs. Par contre si le paradis c'est être parfaitement unis à Jésus dans une charité divine et universelle alors nous n'avons pas d'autre chemin que Lui pour y parvenir. Ce qui signifie que c'est en imitant notre Maître que nous serons un jour capables de vivre pour toujours avec Lui. Si nous voulons régner dans le sens chrétien du terme nous devons être prêts à servir comme Lui, Jésus, a servi. Parce que l'on ne peut régner dans le Royaume de l'amour divin sans d'abord s'exercer à aimer ici-bas. Et aimer signifie toujours se faire le serviteur du bien et du bonheur de notre prochain. Aimer signifie enfin non seulement désirer de tout notre cœur le bien mais aussi supporter le mal avec patience, et d'abord notre propre péché, sans jamais perdre notre espérance.

Ne vous réjouissez pas parce que les esprits vous sont soumis ; mais réjouissez-vous parce que vos noms sont inscrits dans les cieux.

30ème dimanche du temps ordinaire

Marc 10, 46-52
2012

Le premier verset de notre Evangile campe un décor sur lequel il est intéressant de jeter un œil attentif. Comme saint Ignace de Loyola le recommande dans ses *Exercices spirituels* il est bon de contempler une scène évangélique avec notre imagination et pas seulement avec notre raison. Regardons les acteurs de cette scène située sur la route à la sortie de Jéricho. Seules deux personnes sont nommées : Jésus et Bartimée. Les autres, ce sont les disciples et une foule nombreuse. Eux demeurent dans l'anonymat des masses. Dès le départ nous pressentons que ce récit va plus loin que la guérison physique de Bartimée. Car entre lui et Jésus la foule fait obstacle : « Beaucoup de gens l'interpellaient vivement pour le faire taire ». La traduction de la Bible Osty est plus directe : « Beaucoup le menaçaient pour qu'il se taise ». La relation avec Jésus est toujours une relation personnelle même si elle se vit au sein de la communauté Eglise. Tout simplement parce que ce n'est pas la communauté qui peut faire à notre place l'acte de foi en Jésus Sauveur. Et il a bien fallu au mendiant aveugle une grande foi pour crier de plus belle malgré les menaces de la foule. Son cri et sa prière parviennent aux oreilles du Seigneur qui le fait appeler.

Ce verbe ne doit pas être compris de manière banale. Un peu comme dans l'histoire de Zachée, Jésus, en faisant venir Bartimée à lui, lui donne une véritable vocation, il l'appelle à le suivre et à devenir ainsi son disciple. La réponse de l'aveugle est immédiate et, note Marc, il jette même son manteau pour courir plus vite vers Jésus. Pour le mendiant qu'il était ce manteau représentait certainement un objet de grande valeur, probablement le seul qu'il possédait. Contrairement à l'homme riche qui ne put suivre Jésus parce qu'il avait de grands biens, le pauvre Bartimée sacrifie même le peu qu'il a pour répondre sans tarder à l'appel de Jésus. Bien sûr son désir premier est de retrouver la vue. Et le Seigneur va exaucer ce désir en lui disant : « Va, ta foi t'a sauvé ». C'est alors qu'en retrouvant sa vue Bartimée va aussi trouver sa vocation de disciple : « Il suivait Jésus sur la route ». Nous voyons comment, à partir de notre foi et de nos désirs tels qu'ils sont, Dieu peut nous faire avancer sur le chemin de la vie spirituelle et dans la communion personnelle avec lui. Il n'est pas rare que l'on prie pour obtenir un bienfait matériel comme une guérison par exemple et que l'on obtienne un bienfait spirituel avec ou sans la guérison qui l'accompagne. En cette année de la foi voulue par Benoît XVI, cet Evangile peut nous amener à réfléchir à la crise de la foi chrétienne dans nos pays de vieille tradition chrétienne. Comment expliquer cette indifférence massive vis-à-vis de l'Evangile de Jésus-Christ ? Chacun, qu'il soit historien, sociologue ou théologien, peut tenter de trouver des explications à la déchristianisation de nos sociétés européennes. Cet Evangile nous indique peut-être un élément de réponse intéressant. Pendant des siècles, dans un contexte de chrétienté, on a pensé que la foi se transmettait en famille et dans la société comme on transmet une tradition ou une habitude. L'aspect communautaire de la foi a souvent primé sur l'adhésion personnelle. C'est encore dans cette optique que la plupart des musulmans vivent leur foi. Aujourd'hui force est de constater que l'on ne naît pas chrétien mais qu'on le devient. La foi ne peut intéresser les jeunes générations que si elle a ce pouvoir de mettre chacun et chacune personnellement en relation avec Jésus Ressuscité. La foi en Jésus est attractive dans la mesure où elle permet de faire une expérience de changement, de conversion. Si la foi est perçue comme une force, comme une source de paix, de lumière et de joie, alors sans aucun doute elle attirera. Mais si la foi chrétienne est d'abord associée au cadre moral de la société, à une tradition identitaire tournée vers le passé, elle a peu de chances de toucher les cœurs.

Toussaint 2007

Dans ses lettres Saint Paul appelle parfois les chrétiens du nom de « saints ». La liturgie de la Parole en cette fête de la Toussaint utilise des noms variés pour désigner les disciples du Christ et ainsi nous parler de la sainteté : « serviteurs de Dieu », « enfants de Dieu » et « bienheureux ». Quant au Psaume 23, il nous présente la sainteté comme une recherche de Dieu : « Voici le peuple de ceux qui le cherchent, qui recherchent la face de Dieu ! »

En effet la sainteté chrétienne ne se laisse pas enfermer dans une définition, encore moins dans une définition unique. Fêter la Toussaint, c'est d'abord rappeler que *Dieu seul est Saint dans le mystère de la Sainte Trinité* : Père, Fils et Saint Esprit. Dieu seul est Saint parce qu'il est communion d'amour et de vie, parce qu'il est l'Amour. Fêter la Toussaint, c'est nous redire que *nous sommes personnellement appelés à participer à la sainteté de Dieu* en recevant en nous son amour et sa vie. Et cette participation commence pour nous avec le sacrement de baptême et la foi en Jésus Sauveur. Si la première lecture nous montre le but à atteindre, le terme de notre cheminement, la deuxième lecture souligne que nous sommes encore en chemin. La sainteté, qui peut se confondre avec la vie véritablement chrétienne, est déjà donnée par la grâce de Dieu : « Dès maintenant, nous sommes enfants de Dieu ». En même temps notre sainteté ici-bas est toujours inachevée, imparfaite, car « ce que nous serons ne paraît pas encore clairement ». C'est donc entre l'aujourd'hui de notre vie chrétienne et son achèvement dans la gloire de Dieu que se situe le chemin de notre sanctification. Nous avons bien besoin de toute une vie humaine pour nous laisser de plus en plus envahir et saisir par l'amour de Dieu révélé en Jésus-Christ, pour nous laisser guider par l'Esprit d'amour.

L'Evangile des Béatitudes nous montre à la fois le fruit et le moyen de la sainteté chrétienne. Etre saint, participer à la sainteté de Dieu, doit nous combler de bonheur, nous rendre bienheureux, non seulement après notre mort mais dès maintenant. Et Jésus nous livre ici, de manière paradoxale il est vrai, les chemins pour atteindre ce bonheur que tous nous recherchons. Le bonheur spirituel étant d'un autre ordre que le bonheur simplement humain, *il est logique que nous ne puissions pas l'atteindre en suivant l'esprit de ce monde*. Cet esprit, opposé à celui des Béatitudes, Jean le résume ainsi dans sa première lettre : « la convoitise de la chair, la convoitise des yeux et l'orgueil de la richesse »[14]. Aspirer à la sainteté, la désirer de tout son cœur, ce n'est donc pas autre chose que de rechercher notre bonheur et notre bien véritables. Car Dieu seul est notre béatitude. Si notre chemin de sanctification passe inévitablement par la porte étroite et par la croix, le but reste le bonheur. D'où le paradoxe des Béatitudes : « Heureux ceux qui sont persécutés pour la justice, le Royaume des cieux est à eux ! »

---

14 1 Jean 2, 16

Pour approfondir notre réflexion, écoutons maintenant un passage de la lettre de l'apôtre Paul aux Galates : « Le fruit de l'Esprit est amour, joie, paix, largeur d'esprit, générosité, bonté, foi, douceur, maîtrise de soi. Ce sont des choses qu'aucune loi ne condamne.[15] » L'unique fruit de l'Esprit se décline en neuf réalités. Ces réalités, surtout les trois premières (amour, joie et paix), sont en quelque sorte le test qui nous permet de vérifier l'authenticité de notre vie spirituelle. Si nous sommes vraiment dans l'amour, la joie et la paix, c'est alors le signe évident que nous avons bien pris le chemin de la sainteté. Et ce n'est pas un hasard si nous retrouvons dans le fruit de l'esprit la paix et la douceur déjà rencontrées dans les Béatitudes.

Je terminerai en m'attachant à une manifestation de cet unique fruit de l'Esprit, la joie. Nos contemporains ont tellement besoin de redécouvrir la beauté de la joie, son rayonnement tout simple ! Déjà en 1975 Paul VI constatait que notre monde, en ignorant Dieu, passait à côté de la joie. Gilbert Cesbron écrivait quant à lui que « la seule vraie preuve de l'existence de Dieu, c'est la preuve par la joie. » Enfin je citerai Dominique Savio, le fils spirituel de Don Bosco, qui accueillait un nouvel arrivant au Valdocco en lui disant : « Sache qu'ici nous faisons consister la sainteté à être toujours joyeux. »

Dans notre prière à l'Esprit Saint, demandons-lui jour après jour la grâce d'être toujours joyeux et de progresser ainsi dans notre propre sanctification et celle de nos frères.

---

15 Galates 5, 22.23

31ème dimanche du temps ordinaire

Marc 12, 28-34

2006

La rencontre entre le scribe et Jésus fait partie des pages les plus attachantes de l'Evangile selon saint Marc. Pour une fois, cette rencontre ne se place pas sous le signe de la polémique. Il s'agit ici d'un questionnement franc et sincère. Combien de fois les scribes et les pharisiens se sont-ils approchés de Jésus uniquement pour lui tendre un piège ? Ce n'est pas le cas de notre scribe : lui, il est vraiment à la recherche de la vérité, et c'est dans cet esprit qu'il pose une question au Maître :
« *Quel est le premier de tous les commandements ?* »
La réponse du Seigneur n'a rien d'original puisqu'il se contente de rappeler deux passages des Ecritures. Le premier, très connu dans la religion juive, correspond à notre première lecture. C'est le fameux *Shema Israel*. Le second, correspondant à l'amour du prochain, se trouve dans le livre du Lévitique.
« *Ecoute, Israël.* »
L'introduction au premier commandement, l'amour envers Dieu, est très importante. Le croyant, c'est d'abord celui qui écoute la Parole de Dieu. Et c'est parce qu'il a écouté cette parole, qu'il l'a méditée et gardée dans son cœur, qu'il peut ensuite la mettre en pratique dans sa vie. Souvenez-vous de ce que saint Luc dit à deux reprises de la Vierge Marie :
« *Quant à Marie, elle gardait le souvenir de ces événements et les reprenait dans sa méditation.*[16] »

Seulement pour écouter la Parole de Dieu, il faut déjà être capable de s'écouter les uns les autres. L'écoute humaine est en effet le préalable à l'écoute spirituelle. Or il semble bien que l'homme contemporain ait perdu en grande partie sa capacité d'écoute. Certes il entend beaucoup de choses, beaucoup de musique, d'informations etc. Mais écoute-t-il vraiment ? Rien n'est moins sûr. La qualité de notre écoute rime avec notre capacité d'attention. Or l'attention demande un effort, une volonté. Autrement notre esprit s'envole rapidement. L'écoute est donc un travail du cœur et de l'intelligence. Et pour pouvoir parvenir à l'écoute, il faut savoir se taire, il faut faire silence. Dans notre entourage si bruyant, nous ne sommes pas vraiment disposés à l'écoute, qu'elle soit humaine ou spirituelle. Le début de la règle de saint Benoît commence par ces mots :
« *Ecoute, ô mon fils, les préceptes du Maître, et incline l'oreille de ton cœur.* » Ce n'est pas sans raison que dans un monastère la règle du silence est sacrée. Ce n'est pas sans raison non plus que les moines ne se parlent pas, sauf en des moments et des

---

16   Luc 2, 19. 51

lieux prévus par la règle et l'abbé. C'est que leur vocation première est d'écouter la Parole de Dieu.

Le *Shema Israel* rappelle en tête du commandement l'unicité de Dieu :
« *Le Seigneur notre Dieu est l'unique Seigneur.* »
La foi juive est bien sûr monothéiste. Mais cela va plus loin encore. Ce rappel nous met en garde contre la tentation de l'idolâtrie. Aimer Dieu de tout son cœur, de toute son âme, de tout son esprit et de toute sa force suppose une libération des idoles. Aujourd'hui nous ne sommes plus guère tentés, il est vrai, par l'adoration de statuettes, mais la superstition demeure à travers la voyance, les horoscopes, les pratiques magiques etc. Enfin les idoles modernes peuvent revêtir bien des visages : la Nation, le Parti, l'Argent, la gloire, le plaisir etc.
« *Tu aimeras ton prochain comme toi-même.* »

J'aimerais m'attarder un instant sur le « *comme toi-même* ». Pour Jésus, il est donc normal de s'aimer soi-même. N'est-ce pas en contradiction avec d'autres versets de l'Evangile ? Comme par exemple : « *Si quelqu'un veut marcher derrière moi, qu'il renonce à lui-même...*[17] ». Pour démêler ce questionnement, revenons à celui qui est la source de l'Amour. Car c'est Dieu qui, le premier, nous a aimés. Dieu déteste en nous le péché, mais Dieu nous aime, même pécheurs. C'est là le grand mystère de l'amour divin. S'aimer soi-même, cela ne veut pas forcément dire cultiver l'égoïsme et le narcissisme. Nous devons bien sûr renoncer à notre moi égocentrique et indépendant pour suivre le Christ. S'aimer soi-même, c'est finalement imiter l'attitude de Dieu. C'est tout d'abord s'accepter tel que l'on est avec ses limites, ses faiblesses et ses péchés. C'est *être miséricordieux envers soi-même*. Certaines personnes se découragent dans le chemin de la sainteté parce qu'elles n'ont pas l'humilité de s'accepter elles-mêmes, de s'aimer elles-mêmes. Elles se veulent parfaites tout de suite et immédiatement, oubliant que la sainteté est un long chemin. S'aimer soi-même ne signifie pas pour autant s'installer dans notre péché ou dans la médiocrité. S'aimer soi-même signifie s'accepter tel que l'on est pour avec la grâce de Dieu avancer sur le chemin de la sainteté. En tant que chrétiens, nous devons pratiquer envers nous-mêmes ce que je nommerais une exigence miséricordieuse. Comment aimer notre prochain si nous nous détestons ? Comment supporter les autres si nous avons du mal à nous supporter ? Soyons bons envers nous-mêmes, et nous le serons d'autant plus envers les autres, si la charité nous garde de l'égoïsme. Une autre manière de s'aimer soi-même, c'est d'avoir le sens de l'humour envers nous-mêmes, bref de ne pas trop se prendre au sérieux. Voilà un excellent antidote contre l'orgueil. S'aimer soi-même fait donc partie d'un équilibre psychologique nécessaire à notre équilibre spirituel.
Car la grâce ne supprime pas la nature, elle l'élève.

---

17 Marc 8, 34

32ème dimanche du temps ordinaire

Marc 12, 38-44
2012

Nous sommes dans la dernière partie du ministère public de Jésus, dans les jours qui précèdent sa Passion. A Jérusalem le Seigneur observe ses contemporains. Saint Marc nous invite à faire un lien entre son jugement sévère sur les scribes et son admiration émue pour la pauvre veuve. Le Seigneur s'intéresse à la vérité de nos attitudes. L'Evangile de ce dimanche nous parle d'authenticité. La mise en garde de Jésus envers les scribes vient du fait qu'ils vivent dans le monde des apparences. Des siècles plus tard le *Tartuffe* de Molière actualisera cette critique du faux dévot. Les scribes jouent en fait une comédie religieuse. Mais s'ils peuvent tromper les hommes, ils ne peuvent pas tromper le Fils de Dieu. Dans leur comédie l'apparence tient une grande place avec le goût de se montrer en public habillés « en robes solennelles ». Pascal avait déjà analysé en son temps le détournement de l'habit pour couvrir le manque d'autorité morale ou de compétence et s'attirer ainsi le respect des masses : « Nos magistrats ont bien connu ce mystère. Leurs robes rouges, leurs hermines dont ils s'emmaillotent en chats-fourrés, les palais où ils jugent, les fleurs de lys, tout cet appareil auguste était fort nécessaire ; et si les médecins n'avaient des soutanes et des mules, et que les docteurs n'eussent des bonnets carrés et des robes trop amples de quatre parties, jamais ils n'auraient dupé le monde qui ne peut résister à cette montre si authentique.

S'ils avaient la véritable justice et si les médecins avaient le vrai art de guérir, ils n'auraient que faire de bonnets carrés : la majesté de ces sciences serait assez vénérable d'elle-même, mais n'ayant que des sciences imaginaires, il faut qu'ils prennent ces vains instruments qui frappent l'imagination à laquelle ils ont à faire et par là en effet ils s'attirent le respect ». Parmi certains membres de la hiérarchie de l'Eglise la tentation des pompes extérieures et donc le manque de simplicité dans l'habillement ont été fréquents. Le concile Vatican II et le pape Paul VI ont voulu, en fidélité avec l'Evangile, plus de simplicité. Nous savons bien, par exemple, que l'autorité du pape ne vient pas de sa soutane blanche, soutane qui remonte au pape saint Pie V au 16ème siècle ! Donc si un pape décidait d'abandonner cet habit il n'en serait pas moins pape. Mais comme les Juifs de l'époque de Jésus nous restons sensibles aux apparences et notre imagination joue souvent un plus grand rôle que notre raison dans nos jugements. En contraste avec l'arrogance des scribes profiteurs Jésus nous donne en exemple la pauvre veuve et son offrande. Jésus voit les cœurs et ne se fie pas aux apparences, il voit l'intention. Il admire la foi absolue de cette pauvre femme qui donne tout ce qu'elle a pour vivre. Il faut en effet avoir une confiance totale en la providence divine pour agir de cette sorte. Je me sens bien incapable d'imiter pour ma part la pauvre veuve. Avec Jésus je l'admire. La distinction entre le superflu et le nécessaire peut toutefois nous faire réfléchir. Nous savons bien que ces notions sont relatives : ce qui relève du nécessaire dans un pays pauvre ne correspond pas forcément au nécessaire chez nous. L'admiration de Jésus pour l'offrande de cette femme nous invite certainement à une plus grande générosité, à un détachement plus grand. Dans les pays développés tout est fait pour rendre le superflu nécessaire. Du coup nous vivons dans une ambiance de gaspillage programmé au nom de la croissance. On nous fait croire que si nous ne changeons pas d'*I-Phone* chaque fois qu'un nouveau modèle sort nous serons malheureux. Par rapport à cette situation notre foi chrétienne exige de nous une ferme résistance. Il est urgent de revoir nos modes de vie et de nous désencombrer des gadgets technologiques que l'on nous incite à considérer nécessaires. Oui, l'Evangile nous invite à la sobriété qui est le nom contemporain de la pauvreté évangélique. Une sobriété librement choisie, en connaissance de cause, et donc une sobriété joyeuse qui nous ouvre au don et au partage. Nous pouvons alors faire notre la question suivante trouvée dans un article de presse :

A quand la fin des adorations nocturnes devant les Apple Stores à chaque nouvel accouchement d'un objet mort-né ?

33ème dimanche du temps ordinaire

Marc 13, 24-32 + Hébreux 10, 11-14.18

2009

Dimanche prochain, avec la fête du Christ Roi de l'univers, notre année chrétienne touchera à son terme. L'Evangile de ce dimanche annonce bien la fin de l'année liturgique puisqu'il oriente notre regard vers la fin des temps, vers *le retour de Notre Seigneur Jésus-Christ dans la gloire.* Remarquons aussi que notre année chrétienne se termine comme elle avait commencé. Le premier dimanche de l'Avent nous parle aussi du retour du Christ, de son second avènement.

Je vous propose de méditer cet Evangile en lien avec la deuxième lecture qui est un passage de la lettre aux Hébreux. Ce que Jésus annonce dans l'Evangile, la venue du Fils de l'homme « sur les nuées avec grande puissance et grande gloire », est en fait la manifestation visible des mystères de Pâques et de l'Ascension. A Pâques, le Fils de Dieu sort vivant du tombeau, vainqueur de la mort. Au jour de l'Ascension, il disparaît à nos yeux de chair. Il entre avec son humanité dans la gloire de la Sainte Trinité, il remonte au Ciel pour s'asseoir « pour toujours à la droite de Dieu ». Avec le mystère de l'Ascension commence pour chaque chrétien *le temps de la foi, de l'espérance et de la charité.* Nous sommes donc dans la condition décrite par saint Pierre aux premiers chrétiens : « Tout cela doit donner à Dieu louange, gloire et honneur quand se révélera Jésus Christ, lui que vous aimez sans l'avoir vu, en qui vous croyez sans le voir encore ; et vous tressaillez d'une joie inexprimable qui vous transfigure, car vous allez obtenir votre salut qui est l'aboutissement de votre foi. » Avec le retour du Christ dans la gloire *à la fin du temps de notre histoire humaine,* nous serons dans la condition annoncée par saint Paul aux chrétiens de Corinthe : « Nous voyons actuellement une image obscure dans un miroir ; ce jour-là, nous verrons face à face. Actuellement, ma connaissance est partielle ; ce jour-là, je connaîtrai vraiment, comme Dieu m'a connu. Ce qui demeure aujourd'hui, c'est la foi, l'espérance et la charité ; mais la plus grande des trois, c'est la charité. » Le temps de la foi, de l'espérance et de la charité est aussi pour nous le temps de l'attente. L'attente fait partie de la vertu d'espérance. Et au cœur de chaque eucharistie nous proclamons cette attente du retour du Christ : « *Nous attendons ta venue dans la gloire.* » Mais peut-être que nos lèvres proclament ce que notre cœur a bien du mal à attendre en vérité : ce retour glorieux du Christ. Nous, chrétiens du 21ème s, *nous vivons probablement la situation opposée à celle des premiers chrétiens sur ce point.* Ils attendaient tellement le retour du Christ comme imminent que certains ne travaillaient même plus... Pour la majorité d'entre nous ce retour du Christ nous semble *bien lointain et même peu désirable au fond* tellement nous sommes installés dans notre vie terrestre, ses activités, ses joies et ses plaisirs. D'autant plus que Jésus nous dit que son retour sera précédé par une terrible détresse et par un bouleversement de la nature...

La lettre aux Hébreux nous fournit un élément important pour essayer de vivre en vérité cette attente du Christ dans nos vies : « Jésus Christ, au contraire, après avoir offert pour les péchés un unique sacrifice, s'est assis pour toujours à la droite de Dieu. Il attend désormais que ses ennemis soient mis sous ses pieds. » Depuis son Ascension, le Christ lui aussi vit dans une attente de la manifestation visible de son Règne. A la droite du Père, il partage pleinement notre attente. C'est donc le Corps du Christ tout entier (la Tête et les membres) qui vit dans l'attente de la manifestation glorieuse du Seigneur. Comment comprendre l'expression de la lettre aux Hébreux ? De quels ennemis s'agit-il ici ? Saint Paul vient à notre aide dans sa première lettre aux Corinthiens. Je la cite ici longuement tellement ce que dit Paul est beau et essentiel : « Alors, tout sera achevé, quand le Christ remettra son pouvoir royal à Dieu le Père, après avoir détruit toutes les puissances du mal. C'est lui en effet qui doit régner jusqu'au jour où il aura mis sous ses pieds tous ses ennemis. Et le dernier ennemi qu'il détruira, c'est la mort, car il a tout mis sous ses pieds. Mais quand il dira : « Tout est soumis désormais », c'est évidemment à l'exclusion de Celui qui lui a soumis toutes choses. Alors, quand tout sera sous le pouvoir du Fils, il se mettra lui-même sous le pouvoir du Père qui lui aura tout soumis, et ainsi, Dieu sera tout en tous. » Nous l'avons entendu, le dernier ennemi que Notre Seigneur détruira, c'est la mort. Cette vérité devrait rendre plus désirable pour chacun d'entre nous ce retour du Christ dans la gloire. Le second avènement du Christ portera donc à son achèvement le mystère de Pâques, il sera un jaillissement inimaginable de vie divine et d'amour trinitaire. Alors même si nous restons très attachés à notre vie humaine sur terre, comment vivre davantage cette dimension de notre foi ? L'attente, le désir du règne du Christ... Saint Paul nous répond : en vivant avec intensité le présent de notre foi chrétienne. Je lui laisse donc la parole en guise de conclusion :
« Rendons grâce à Dieu qui nous donne la victoire par Jésus Christ notre Seigneur. Ainsi, mes frères bien-aimés, soyez fermes, soyez inébranlables, prenez une part toujours plus active à l'œuvre du Seigneur, car vous savez que, dans le Seigneur, la peine que vous vous donnez ne sera pas stérile. »

Le Christ Roi de l'univers

Jean 18, 33-37

2009

Alors qu'en cette fin d'année liturgique nous fêtons le Christ Roi de l'univers, il est bon de réentendre le contenu de la première prédication du Seigneur : *« Après l'arrestation de Jean Baptiste, Jésus partit pour la Galilée proclamer la Bonne Nouvelle de Dieu ; il disait : « Les temps sont accomplis : le règne de Dieu est tout proche. Convertissez-vous et croyez à la Bonne Nouvelle. »* La Bonne Nouvelle que Jésus annonce c'est donc la proximité du Règne de Dieu. Il est le serviteur, l'évangéliste de ce Règne. Non seulement ce Royaume est tout proche, mais il est même *au milieu de nous*. Avec la venue de Jésus, le Royaume nous est déjà donné, rendu présent dans la communauté des disciples. Dans le contexte juif de l'attente du Messie, ce Royaume a cependant un sens ambigu. D'où la magnifique réponse du Seigneur au représentant du pouvoir politique romain : *« Ma royauté ne vient pas de ce monde ; si ma royauté venait de ce monde, j'aurais des gardes qui se seraient battus pour que je ne sois pas livré aux Juifs. Non, ma royauté ne vient pas d'ici. »* Alors que Jésus est sur le point de donner sa vie, il affirme avec insistance l'origine divine, le caractère surnaturel de sa royauté. Et en un autre passage des Evangiles, le Seigneur, lui qui est Roi de par sa nature divine et de par sa mission de Sauveur, n'hésite pas à dire : « Rendez à César ce qui est à César, et à Dieu ce qui est à Dieu ». Je me permets de citer ici un peu longuement un texte du *Compendium de la Doctrine sociale de l'Eglise* : *« Jésus refuse le pouvoir oppresseur et despotique des chefs sur les Nations et leur prétention de se faire appeler bienfaiteurs, mais il ne conteste jamais directement les autorités de son temps*. Dans la diatribe sur l'impôt à payer à César, il affirme qu'il faut donner à Dieu ce qui est à Dieu, en condamnant implicitement toute tentative de divinisation et d'absolutisation du pouvoir temporel: seul Dieu peut tout exiger de l'homme.

En même temps, le pouvoir temporel a droit à ce qui lui est dû: Jésus ne considère pas l'impôt à César comme injuste. *Jésus, le Messie promis, a combattu et a vaincu la tentation d'un messianisme politique, caractérisé par la domination sur les Nations*. Il est le Fils de l'homme venu « pour servir et donner sa vie ». À ses disciples qui débattent sur qui est le plus grand, le Seigneur enseigne à devenir les derniers et à se faire les serviteurs de tous, en indiquant à Jacques et Jean, fils de Zébédée, qui ambitionnent de s'asseoir à sa droite, le chemin de la croix. » (n°379)

En proclamant le Christ Roi de l'Univers, l'Eglise n'entend donc pas exercer une domination sur la société civile et politique. Il s'agit encore moins de rêver à une alliance du sabre et du goupillon, comme elle a pu exister autrefois en période de chrétienté. Ici encore le *Compendium de la Doctrine sociale* nous aide à y voir plus clair : « *L'Église ne se confond pas avec la communauté politique et n'est liée à aucun système politique*. La communauté politique et l'Église, chacune dans son propre domaine, sont en effet *indépendantes et autonomes* l'une de l'autre et sont toutes deux, bien qu'à des titres divers, « au service de la vocation personnelle et sociale des mêmes hommes ». Il est même possible d'affirmer que la distinction entre religion et politique et le principe de la liberté religieuse constituent une acquisition spécifique du christianisme, d'une grande importance sur le plan historique et culturel. » (n°50) Le Royaume que Jésus vient instaurer est de l'ordre du salut, il est essentiellement spirituel et surnaturel. *« C'est toi qui dis que je suis roi. Je suis né, je suis venu dans le monde pour ceci : rendre témoignage à la vérité. Tout homme qui appartient à la vérité écoute ma voix. »* La mission de l'Eglise ne peut donc se situer que dans la fidélité à celle de son divin fondateur : elle est la servante de la vérité apportée par Jésus sur l'homme, la société et le monde. Promouvoir le Royaume de Dieu dans notre monde, c'est donc toujours témoigner de la vérité.

La préface de cette messe, que nous entendrons dans un moment, nous enseigne que ce Règne du Christ ne sera parfaitement établi qu'avec la fin de notre monde tel que nous le connaissons. Le Christ Roi régnera en plénitude lors de son second avènement, lors de son retour dans la gloire à la fin des temps. Ecoutons à nouveau le *Compendium de la Doctrine sociale* : « *À l'identité et à la mission de l'Église dans le monde, selon le projet de Dieu réalisé dans le Christ, correspond « une fin salvifique et eschatologique qui ne peut être pleinement atteinte que dans le siècle à venir »*. C'est précisément pour cela que l'Église offre une contribution originale et irremplaçable, avec une sollicitude qui la pousse à rendre plus humaine la famille des hommes et son histoire et à se poser comme rempart contre toute tentation totalitaire, en montrant à l'homme sa vocation intégrale et définitive. Par la prédication de l'Évangile, la grâce des sacrements et l'expérience de la communion fraternelle, l'Église guérit et élève « la dignité de la personne humaine, en affermissant la cohésion de la société et en procurant à l'activité quotidienne des hommes un sens plus profond, la pénétrant d'une signification plus haute ». Sur le plan des dynamiques historiques concrètes, l'avènement du Royaume de Dieu ne se laisse donc pas saisir dans la perspective d'une organisation sociale, économique et politique définie et définitive. Il est plutôt manifesté par le développement d'une socialité humaine, qui est pour les hommes ferment d'une réalisation intégrale, de justice et de solidarité dans l'ouverture au Transcendant comme terme de référence pour leur réalisation personnelle et définitive. » (n°51) C'est en 1925 que le pape Pie XI institua la fête du Christ Roi. Il le fit pour lutter contre le laïcisme grandissant qui voulait réduire la religion catholique uniquement à la sphère privée de la conscience croyante. Le Règne du Christ est essentiellement spirituel et c'est pour cette raison qu'il doit avoir des conséquences concrètes dans les sociétés humaines et leur organisation politique. Une spiritualité qui serait incapable de changer le monde et ses structures de péché ne serait pas chrétienne. Le laïcisme tente bien souvent d'étouffer dans notre pays la voix de l'Eglise. Fêter le Christ Roi, c'est donc s'engager à être missionnaires, tout particulièrement dans le sens défini par la Doctrine sociale de l'Eglise : « *Par son enseignement social, l'Église entend annoncer et actualiser l'Évangile au cœur du réseau complexe des relations sociales. Il ne s'agit pas simplement d'atteindre l'homme dans la société, l'homme en tant que destinataire de l'annonce évangélique, mais de féconder et de fermenter la société même par l'Évangile.* » (n°62)

I want morebooks!

Buy your books fast and straightforward online - at one of world's fastest growing online book stores! Environmentally sound due to Print-on-Demand technologies.

Buy your books online at
www.morebooks.shop

Achetez vos livres en ligne, vite et bien, sur l'une des librairies en ligne les plus performantes au monde!
En protégeant nos ressources et notre environnement grâce à l'impression à la demande.

La librairie en ligne pour acheter plus vite
www.morebooks.shop

KS OmniScriptum Publishing
Brivibas gatve 197
LV-1039 Riga, Latvia
Telefax: +371 686 204 55

info@omniscriptum.com
www.omniscriptum.com

www.ingramcontent.com/pod-product-compliance
Lightning Source LLC
Chambersburg PA
CBHW031712230426
43668CB00006B/190